GUIDE

DU VOYAGEUR

EN

Angleterre, en Ecosse et en Irlande.

Cet Ouvrage se trouve aussi chez :

PONTHIEU ET Cie, Libraires, Palais-Royal;
LECOINTE, quai des Augustins, n° 49;
DUPONT ET Cie, rue Vivienne;
EMLER FRÈRES, rue Guénégaud;
CHARLES BÉCHET, quai des Augustins, n° 57;
DELAUNAY, Palais-Royal.

POITIERS. — Imp. de F.-A. SAURIN.

GUIDE

DU VOYAGEUR

En Angleterre,

EN ÉCOSSE ET EN IRLANDE,

COMPRENANT

PAR ORDRE ALPHABÉTIQUE TOUTES LES ROUTES DE POSTE DE LONDRES AUX DIVERS ENDROITS DES TROIS ROYAUMES;

UN TABLEAU GÉNÉRAL DE LONDRES,
De ses Curiosités, Monumens, etc.;

L'INDICATION DE TOUT CE QUE LE VOYAGEUR DOIT VISITER DANS CHAQUE VILLE, AVEC LA LISTE DES BONNES AUBERGES.

Traduit de l'anglais de Leigh,

Par RICHARD,

Auteur des Guides du Voyageur en France, en Italie, en Allemagne, sur les Bords du Rhin, etc.

ORNÉ D'UNE GRANDE CARTE ROUTIÈRE.

à Paris,

CHEZ AUDIN, QUAI DES AUGUSTINS, N° 25.

1828-1829.

MONNAIES (1).

On compte en Angleterre par *pounds* ou livres sterlings, *schillings* et *pences*. Une livre sterling est composée de 20 schillings, et chaque schilling de 12 pences ; le penny contient 4 farthings ou liards. La livre sterling et ses subdivisions sont des monnaies qui servent en général dans toutes les transactions et comme moyen d'évaluation. Les billets de banque de Londres et des provinces sont en livres sterlings, et ils circulent en Angleterre comme monnaie de convention. La livre sterling se marque ainsi L.; le schilling par un S., et les pences par ce signe D. Voici la valeur en argent de France et réciproquement de la livre sterling et de ses subdivisions.

L.	S.	D.		Fr.	Cent.
»	»	1 vaut		»	10
»	»	2 valent		»	20
»	»	3		»	3o
»	»	4		»	4o
»	»	5		»	5o
»	»	6		»	6o
»	»	7		»	7o
»	»	8		»	8o
»	»	9		»	90
»	»	10		1	»
»	»	11		1	10
»	1	»		1	2o
»	2	»		2	4o
»	3	»		3	6o
»	4	»		4	8o
»	5	»		6	»
»	6	»		7	20
»	7	»		8	4o
»	8	»		9	6o
»	9	»		1o	8o
»	10	»		12	»
»	11	»		13	2o

---

(1) Extrait du Guide à Londres.

L.	S.	D.		Fr.	Cent.
»	12	»	. . . . .	14	40
»	13	»	. . . . .	15	60
»	14	»	. . . . .	16	80
»	15	»	. . . . .	18	»
»	16	»	. . . . .	19	20
»	17	»	. . . . .	20	40
»	18	»	. . . . .	21	60
»	19	»	. . . . .	22	80
1	»	»	. . . . .	24	»
2	»	»	. . . . .	48	»
3	»	»	. . . . .	72	»
4	»	»	. . . . .	96	»
5	»	»	. . . . .	120	»
6	»	»	. . . . .	144	»
7	»	»	. . . . .	168	»
8	»	»	. . . . .	192	»
9	»	»	. . . . .	216	»
10	»	»	. . . . .	240	»
100	»	»	. . . . .	2,400	»
1,000	»	»	. . . . .	24,000	»
10,000	»	»	. . . . .	240,000	»

MONNAIES QUI CIRCULENT EN ANGLETERRE.

Monnaies d'or.

		fr.	cent.
Une guinée (*a guinea*) de 21 schillings. . . .		25	40
Un souverain (*a sovercign*) d'une livre sterling, ou.		24	. »
Une demi-guinée (*a half guinea*) de 10 schillings et 6 pences.		12	60
Un demi-souverain (*a half sovereign*) de 10 schillings.		12	»
Une pièce de 7 schillings (*a seven schilling piece*).		8	40

Monnaies d'argent.

Un écu (*a crown*) de 5 schillings.		6	»
Un demi-écu (*half a crown*) de 2 schillings 6 pences.		3	»
Un schilling (*a schilling*) ou 12 pences. . . .		1	20
Une pièce de *six pences*.		»	60

Monnaies de cuivre.

Un *penny* ou sol.	»	10
Un demi-sol (*half penny*). . . . , ...	»	5
Deux liards (*a farthing*).	»	2 $^1/_2$

Il faut recevoir le moins possible de guinées ou de demi-guinées ; ces pièces ont rarement le poids, et on s'expose à éprouver de la perte en les donnant en paiement. Il faut faire la même attention aux pièces de sept schillings, qui sont en outre très-souvent fausses.

MONNAIES DE FRANCE ÉVALUÉES EN MONNAIES D'ANGLETERRE.

Monnaies d'or.

	l.	s.	d.
Un napoléon de 40 fr.	1	13	4
de 20 fr.	»	16	8

Monnaies d'argent.

	l.	s.	d.
Une pièce de 5 fr.	»	4	2
de 2 fr.	»	1	8
de 1 fr.	»	»	10
de 50 cent.	»	»	5
de 25 cent.	»	»	2 $^1/_2$

Monnaies de cuivre.

	l.	s.	d.
de 10 cent.	»	»	1
de 5 cent.	»	»	» $^1/_2$

Lorsqu'on arrive à Londres, il faut, si l'on n'a pas une traite sur un banquier, se transporter chez un changeur, pour avoir en argent d'Angleterre toute monnaie de France qu'on lui présentera, mais à un taux variable selon le cours de la place, et qui oscille soit en plus soit en moins des valeurs que nous avons assignées ci-dessus.

CONSEILS AUX VOYAGEURS

QUI

VEULENT ALLER A LONDRES.

Si notre voyageur se dirige sur Dieppe, il faut qu'il loge chez Delarue sur le port, c'est un brave et digne homme. S'il prend la route de Calais, il descendra chez la veuve Maurice ; quoique cette dame ait fait fortune, on est encore mieux là qu'ailleurs ; les voitures publiques descendent dans cet hôtel, et un sieur Allègre, factotum de la maison, se charge de tous les détails fastidieux des permis d'embarquement, visa de passeports, etc. A Calais, plusieurs capitaines de paquebot sont bons ; je citerai seulement Flouet, commandant l'*Industry*; Benoist, commandant le *Henry IV*. Au reste, pour la traversée de Calais à Douvres, il convient de choisir, de préférence, un capitaine anglais, et un capitaine français pour revenir de Douvres à Calais ; on est plus en sûreté en s'approchant des côtes.

Si notre voyageur s'embarque à Dieppe, il lui faut absolument prendre un paquebot anglais ; les Dieppois ne connaissent pas le plus souvent cette traversée de la Manche, qui peut, dans les temps d'équinoxe, être dangereuse ou tout au moins fort pénible. Une fois à Brighton, on descendra à *Queen and king's Inn* (auberge du roi et de la reine) sur le *square* (sur la place); on se gardera soigneusement des autres auberges de l'endroit ; on y est écorché, mal servi. Le propriétaire de l'hôtel que je recommande est aussi honnête, aussi obligeant que ses confrères sont brusques et grecs.

Si notre voyageur s'est embarqué à Calais, il devra descendre à Douvres chez la veuve Potdevin : la maison, quoique bien agrandie et tenue sur un plus haut pied, n'est certainement pas aussi recommandable que du temps du mari ; mais on est encore mieux là qu'aux hôtels d'York, etc. Le garçon de confiance est fort entendu ; il se charge de tout, pourvoit à tout ; moyennant quatre à cinq schellings, il va à la douane, surveille les

malles, fait délivrer les visa de débarquement, les passe
ports, etc. : toutes ces corvées sont aussi longues qu'ennuyeuses
pour un étranger, surtout s'il ne connaît pas parfaitement la
langue du pays. Par exemple, il faut, dans ces auberges, se
méfier de la cupidité des servantes, et se munir de force demi-
schellings : car il n'y a point à changer de monnaies avec ces
gens-là ; ils gardent tout ce qu'on leur présente. Avant d'aller
plus loin, je remarquerai qu'il faut environ quatre jours pour
se rendre de Paris à Londres par Calais, et deux jours et demi
seulement par la route de Dieppe ; que le voyage par Dieppe
coûte moitié moins que par la voie de Calais (1). J'ajouterai que
Brighton est un des plus jolis endroits de l'Angleterre, tandis
que Douvres n'offre presque rien de remarquable ; d'ailleurs la
route de Douvres à Londres est de treize heures ; celle de Brighton à Londres, infiniment pittoresque, est de huit heures seulement. De quelque manière qu'on s'arrange, on risque presque
toujours, en partant de Douvres, d'arriver la nuit, ou sinon le
soir, à Londres, ce qui ne laisse pas que d'être fort incommode
pour un étranger ; tandis qu'en partant de Brighton à neuf
heures du matin, on arrive de quatre à cinq heures à Londres.

Avant de s'embarquer, soit à Dieppe, soit à Calais, il ne faudra point oublier de convertir son argent en *bank notes*, et
même en assez grande quantité pour n'être pas forcé, dans l'oc-
casion, de payer ses menues dépenses ou emplettes en argent
de France : on s'exposerait à des pertes énormes (2). Un changeur honnête est M. Smith, horloger dans *Princes street* (Leicester square). Près du White-bear dans Piccadilly, dans Co-
ventrystreet et aux environs d'Oxford-street, on trouve de
jolis logemens meublés à raison d'une guinée (29 fr.) par semaine ; on est là comme chez soi. En descendant de voiture,
on peut provisoirement se rendre à l'impérial hôtel, dans Suf-
folk-street. Cet hôtel est tenu par un Français ; il est situé à cinq
minutes de chemin du bureau des diligences. Le premier étage
offre un logement assez agréable. On fera bien de déjeuner dans
l'hôtel ; mais il faudra se garder d'y prendre ses repas : la table

---

(1) On se rend encore directement à Londres par le Havre. Ce voyage est
aussi maussade qu'économique.

(2) Il faut éviter surtout de garder des monnaies blanches (pièces de 5 fr.,
3 fr., 2 fr., etc.) On s'en défait bien difficilement à Londres, quoiqu'en per-
dant beaucoup dessus. On trouve au contraire à changer très-facilement les
monnaies d'or, cependant toujours à perte.

1*

d'hôte est du prix de cinq schellings (6 fr. 25 cent.) ; on se fait servir chez soi, mais il en coûte. Il faut surtout s'abstenir de liqueurs et de café, ces petites superfluités coûtent plus que le repas lui-même. Pour dîner économiquement et à la française, il faut se rendre chez Bertaux, East-street (*Manchester square*) ; pour 2 fr. 50 c., 3 fr., on dîne vraiment bien. Je n'engagerai jamais un Français qui visite Londres pour son plaisir, à s'implanter dans la cité.

DE PARIS A CALAIS (3 routes).

1re route, par Beauvais, 65 l., 32 p. ½.

(*a*) Saint-Denis	2		(*i*) Abbeville	4 ½
(*b*) Moisselles	3		Nouvion	3
(*c*) Beaumont-sur-Oise	3		(*k*) Bernay	2
(*d*) Puiseux	2 ½		Nampont	2
Noailles	3		(*l*) Montreuil-sur-Mer	3
(*e*) Beauvais	3 ½		Cormont	3
(*f*) Marseille	4 ½		Samer	2
(*g*) Granvilliers	2 ½		(*m*) Boulogne	4
Poix	3 ½		Marquise	3 ½
Camps	3		Le Ht.-Buisson	2
(*h*) Airaines	2 ½		(*n*) Calais	3

(*a*) SAINT-DENIS. *Curios.* : l'église.

(*b*) MOISSELLES (Seine-et-Oise), dit M. Vaysse de Villiers, que nous prendrons pour guide dans ces diverses routes de *Paris à Calais*, est un village de 4 à 500 h.

(*c*) BEAUMONT-SUR-OISE (Oise) est une petite ville agréable ; on y voit une jolie promenade en terrasse, dominant sur cette vallée, et une vieille tour en débris qui a fait partie de l'ancien château, détruit, dit-on, par les Anglais. Le seul commerce de cette ville est celui des grains et des farines. Pop. 1,900 h.

(*d*) PUISEUX (Oise), village de quatre-vingts à cent feux, situé dans un pays frais et gracieux ; on y longe, à gauche, un joli château. La fabrication de montures d'éventail est une industrie particulière aux habitans de ce pays.

(*e*) BEAUVAIS (Oise). Quoique bâtie en bois, elle est plus agréable qu'on ne pourrait s'y attendre. Les rues par lesquelles on la traverse sont assez larges, et les maisons assez propres. La grande place, uniformément entourée de façades à pignons, peut passer pour belle. L'hôtel-de-ville est un édifice moderne d'une très-bonne architecture. La cathédrale n'a pas été finie ; il n'en existe que le chœur et la nef transversale, destinée à former, avec la grande nef qui manque, la croix latine. Le chœur, par sa hardiesse et ses grandes proportions, est à lui seul un superbe temple. L'intérieur renferme un beau tombeau, celui du cardinal de Forbin de Janson, par Coustou. On y voit une tapisserie curieuse de la fabrique d'Arras : elle est placée au fond de la troisième chapelle à gauche. Beauvais est le siége de tribunaux de première instance, de commerce, d'un collége royal. On y trouve une salle de spectacle, une bibliothèque publique de près de 10,000 volumes. *Commerce :* manufactures de tapisseries, de tapis, indiennes ; fabriques de ratines, molletons. *Hôtel* d'Angleterre. Pop. 12,865.

(*f*) MARSEILLE (Oise) est un bourg d'une situation agreste, au milieu d'un joli bassin, ombragé d'arbres et arrosé par la petite rivière d'*Herbonval. Curios :* le nouveau pont. Pop. 820 h.

(*g*) GRANVILLIERS (Oise), joli bourg, monté d'un bureau de poste, et commerçant par ses marchés, ainsi que par ses fabriques de serge et de bonneteries de laine. *Hôtel* d'Angleterre. Pop. 1,786 h.

(*h*) AIRAINES (Somme), bourg assez bien bâti et agréablement situé sur trois petites rivières, dont deux prennent leur source à une lieue de distance environ. *Commerce :* huile de navette, de lin, d'œillet, de camomille, de chènevis et de noisette ; moulins à huile, et fabriques de grosses toiles pour voiles, sacs, emballages, etc. *Hôtel* de la Poste. Pop. 1,922 h.

(*i*) ABBEVILLE (Somme), ville assez grande, assez forte, assez belle, mais dégénérée de son ancien commerce. L'église principale n'a pour elle que son portail décoré de statues colossales, qu'a épargnées la révolution, et surmonté de deux tours d'un assez bon style gothique. Une seule maison, celle de Shlincourt (place Saint-Pierre), mérite l'attention des étrangers, et cette attention doit se borner à un regard. Le rempart est la promenade de la ville : il offre un ombrage continuel et de belles allées, mais point de belle vue.

Il y a à *Abbeville* tribunal de première instance et de commerce, direction des douanes, chambre de commerce, bibliothèque publique de 14,500 vol., salle de spectacle, haras, fontaine d'eau minérale, établissement de bains. *Commerce :* draps, soieries, chapellerie, quincaillerie, livres, manufactures de draps fins, serges, bouracans, cordages, savonneries, moquettes, serrureries, entrepôt de sel. *Hôtels* d'Angleterre, de la Tête-de-Bœuf, de l'Écu-de-Brabant. Pop. 19,520 h.

(*k*) Bernay (Somme), où est une excellente auberge, celle du maître de poste ; et 1 l. plus loin *Vron*, situé dans un petit vallon, suivi d'une petite côte à gravir.

(*l*) Montreuil (Pas-de-Calais), chef-lieu de sous-préfecture, et place de guerre de deuxième classe. La place par laquelle on y entre est dépourvue de régularité, et plus grande que belle ; la rue qu'on parcourt ensuite est large et assez belle, malgré ses longues sinuosités. Toute la ville est bâtie en brique. La citadelle n'est pas ce qu'il y a de moins délabré ; elle offre, du haut de ses remparts, une belle vue sur les côtes de la mer et sur les dunes. *Hôtels* de l'Europe, de France, d'Angleterre. Pop. 4,194 h.

(*m*) Boulogne (Pas-de-Calais) se divise en haute et basse ville. La basse ville est située à l'ouest de la haute, sur le penchant du monticule qui s'étend dans le vallon le long de la *Liane* jusqu'au port. La basse ville n'est peut-être pas aussi bien percée, ni aussi solidement bâtie que la haute ville ; cependant elle offre un coup d'œil agréable : la principale rue est celle de l'Écu. On compte maintenant près de 2,600 maisons et 86 rues. La population des deux villes réunies était, suivant le dernier recensement, de 17,526 hab. et 1,800 Anglais. Les monumens les plus importans de la basse ville sont l'hôpital, la caserne, la bibliothèque publique, le muséum, la sous-préfecture, le port. Tribunaux de première instance et de commerce, direction des douanes, bourse de commerce, entrepôt de sel et de genièvre de Hollande ; salle de spectacle, bibliothèque publique très-riche, 16,000 vol. Pêche du hareng, du maquereau ; raffineries de sucre et de sel ; tanneries, verreries, savonneries. *Fabrique* d'étoffes de laine, de faïence propre pour les colonies. *Commerce* de genièvre, eau-de-vie, vin, liqueurs fines, thé, soieries, dentelles, toiles fines.

Bains. Etablissement Versial, très-fréquenté des voyageurs. *Messageries royales*, hôtel de France, rue Royale ; malle-poste, rue de Lille, n° 8. *L'Union*, de Paris à Boulogne, tous les matins, à 9 heures ; paquebots pour Douvres, Ramsgate et pour Londres. Agent des paquebots de Londres et Ramsgate, M. Thompson, place d'Alton ; de Douvres, M. Lalouette, rue de l'Ecu, hôtel de Londres. *Hôtels* du Lion-d'Or, de France, Royal-Oack.

(*n*) Calais (Pas-de-Calais), petite et jolie ville dont le port est charmant et animé. *Curiosités :* l'avant-dernière porte d'entrée, bâtie en 1685, par les ordres de Richelieu, le plus beau morceau d'architecture de Calais ; la place d'Armes, entourée de belles maisons ; l'hôtel-de-ville , bâti en 1740, où l'on conserve le ballon sur lequel Blanchard passa de Douvres à Calais ; la tour de l'Horloge , d'une architecture gothique , légère et élégante ; l'hôtel de Guise ; les casernes ; l'église paroissiale , bâtie quand les Anglais étaient maîtres de la ville. On remarque dans cet édifice le maître-autel en marbre d'Italie, et dix-huit statues de la même matière. Les remparts, plantés d'arbres, servent de promenades. *Commerce :* savonneries , fabriques d'ouvrages d'acier ; pêche de harengs et de maquereaux. *Hôtels* de Bourbon , Dessin ou d'Angleterre, un des plus beaux du royaume ; Quillacq, Maurice. Deux *bateaux à vapeur* vont à Londres et en reviennent deux fois par semaine ; un autre à Ramsgate , jour à autre alternativement, et environ dix autres vont et viennent journellement de *Calais* à *Douvres.* Le passage de *Londres* est de 12 heures , celui de *Ramsgate* de 4 à 5 heures , et celui de *Douvres* de 3 heures. Départ des *paquebots de malles,* les lundis, mercredis , vendredis et samedis, pour Douvres. Pop. 9,459 h.

Curiosités : à deux lieues de *Calais,* le *Pont sans pareil.*

DE PARIS a CALAIS.

2ᵉ route, par Chantilly et Amiens, 69 l. , 34 p. ½.

Saint-Denis	2	Flers	3
(a) Ecouen	2 ¹/₂	Hébecourt	2
(b) Luzarches	2 ¹/₂	(f) Amiens	2
(c) Chantilly	2 ¹/₂	(g) Picquigny	3
Laigneville	3	(h) Flixecourt	2
(d) Clermont	2 ¹/₂	Ailly-le-Haut-Clocher	2 ¹/₂
Saint-Just	4	Abbeville	3
Wavignies	2	D'Abbeville à Calais	
(e) Breteuil	3	(v. 1ʳᵉ route)	27 ¹/₂

(a) ÉCOUEN (Seine-et-Oise), petite ville, ou plutôt gros bourg, bien bâti, très-propre, et où se tient un marché considérable ; il est situé sur le penchant d'une colline couverte de bois à l'occident. Son château s'élève sur une éminence. La chapelle et le délicieux parc du château, ainsi que les agréables jardins du maître de poste , sont dignes d'être visités. *Hôtel* de Lille. Pop. 1,400 h.

(*b*) L**uzarches** (Seine-et-Oise). Cette petite ville offre à la curiosité des amis des arts deux châteaux qui servaient de résidence à nos anciens monarques ; l'un sur la droite de la route,
et l'autre sur la gauche. *Commerce* de grains, fabrique de dentelles. Pop. 1,800 à 2,000 h.

(*c*) C**hantilly** (Oise), bourg qui doit son agrandissement à
la maison de Condé. Les maisons sont jolies et à toits d'ardoi-
ses. Une rue belle et spacieuse a été construite par le dernier
prince de Condé, qui y fonda un hospice richement doté par sa
munificence. Le palais, admiré par sa magnificence et sa grandeur, qui servait de résidence aux Montmorency et aux Condé,
fut détruit par la hache révolutionnaire. Le duc de Bourbon a
relevé en partie cette belle propriété, que vont visiter surtout
les Anglais ; la maison gothique de la reine Blanche mériterait
seule le voyage de Paris à Chantilly. *Commerce :* manufactures
de porcelaines, poteries, tabletteries en bois et en tôle, de toiles,
filatures, tissage de coton. Pop. 1,972 h.

(*d*) C**lermont** (Oise), jolie ville, riche, commerçante, et le
siége d'une sous-préfecture. De la terrasse du château on a de
beaux aspects. *Commerce :* blés, linges, toiles de Hollande, brasseries, filatures de coton. Pop. 2,406 h.

(*e*) B**reteuil** (Oise), gros bourg, avec une assez belle auberge.
Pop. 2,210 h.

(*f*) A**miens** (Somme). Cette ville, chef-lieu de département,
ancienne capitale de la Picardie, est située sur la *Somme ;* c'est
le siége d'une cour royale, d'un évêché, d'un tribunal de commerce, d'un tribunal de première instance, d'une académie et
d'un collége royal. Cette ville est célèbre par le traité qui y fut si-
gné en 1802. On montre aux étrangers la salle où fut signée cette
espèce de trève, que les politiques appellent la *petite paix. Curiosités :* la cathédrale est un des plus beaux monumens gothiques
de France, la nef surtout en est admirable ; malheureusement
quelques vitraux n'existent plus. La magnificence des colonnes
frappe l'œil du spectateur. On admire les stales du chœur, la
chaire à prêcher, d'un beau travail. L'hôtel-de-ville, bâti par
Henri IV, la halle au blé, la bibliothèque, le lycée, maintenant
le collége et la préfecture, méritent d'être visités par l'étranger.
Les rues d'Amiens sont larges et droites, et les places spacieuses.
La *Hautoye*, hors des murs d'Amiens, est une agréable promenade. *Commerce :* le tissage de velours est sa principale industrie ; manufactures de pannes, velours d'Utrecht, moquettes,
camelots ; fabriques de laine, de coton, de lin, de satins, rubans. *Excellens pâtés*, que nous recommandons aux gour-

mets. *Hôtels* de la Póste, de l'Europe, des Ambassadeurs. Pop.
42,032 h.

(g) Picquigny (Somme), bourg célèbre par l'entrevue de
Louis XI avec Edouard, roi d'Angleterre. Il ne reste plus que
des ruines de son ancien château, célébré par madame de Sévi-
gné. De ces ruines, qui forment 2 terrasses, on a une vue magnifique. Pop. 1,500 h.

A $^1/_2$ l. est un camp attribué à César.

(h) Flixecourt (Somme), grand village de 1,620 h.

D'Abbeville à Calais. Voyez 1re route.

DE DOUVRES A LONDRES,

par Cantorbéry et Rochester (1), 71 m., ou 30 l. de p. de France.

De Douvres à Ewell	$3 ^1/_2$		Gravesend	$4 ^1/_4$
Bridge	$8 ^1/_2$		Northfleet	$1 ^1/_2$
Cantorbéry	$3 ^3/_4$		Dartford	$5 ^1/_2$
Ospringe	$9 ^1/_4$		Crayford	$1 ^1/_2$
Sittingbourne	$6 ^1/_4$		Shooter's Hill	5
Chatham	$9 ^1/_2$		Deptford	$4 ^1/_4$
Rochester	$1 ^1/_4$		Londres	4
Gad's Hill	3			

Dover (Douvres), dans le comté de Kent, port de mer situé
dans une vallée, est entouré d'une ceinture de collines sur
l'une desquelles, au sud, se trouvent quelques fortifications modernes, et sur une autre, au nord, l'ancien château fort, qu'on
suppose avoir été bâti par Jules-César.

La ville, qui est divisée en deux parties réunies par une rue
longue et étroite, appelée *Snaregate street*, n'offre rien de plus
curieux que son port. La jetée sert de promenade; elle est très-
fréquentée. *Hôtels et Auberges* : Ship inn and Wright's hotel,
the York hotel, the City of London, the Union, the Shakspeare
hotel, Paris hotel. Pop. 10,327 h.

En quittant Douvres, la route se dirige vers le nord-ouest; à
droite, route de Deal; à gauche, celle de Folkestone. On traverse un faubourg qui s'étend presque jusqu'à Buckland, en
laissant sur la droite Charlton. On passe un ruisseau, et plus

---

(1) Extrait du Guide à Londres, de Lake.

avant, la route de Sandwich, qui se dirige vers le nord. On arrive à

Ewell, 1er relais à 3 mille ¹/₂ de Douvres, petite paroisse de 200 habitans. A un demi-mille de ce village est *the Temple* (le Temple), remarquable par l'habitation magnifique qu'y possédaient autrefois les Templiers.

Bridge, 2e relais à 12 milles de Douvres, petit village sur la Stour, qu'on y passe sur un pont en pierre. Près de cet endroit est ce qu'on nomme *Lee Priory*. C'est un ancien prieuré, modèle d'élégance de l'architecture gothique. Pop. 325 h.

CANTERBURY (Cantorbéry), 3e relais à 15 milles ¹/₄ de Douvres, capitale du comté de Kent, sur la Stour, siége de l'archevêque métropolitain de l'Angleterre. La cathédrale est un beau monument qui offre des traces de l'architecture de tous les âges depuis les Normands. On y remarque le chœur, qui est le plus vaste du royaume ; le maître-autel, la grande croisée , morceau admirable de peinture sur verre ; la chapelle de la Trinité, derrière le chœur, qui renferme le fauteuil épiscopal formé de trois blocs de marbre ; le tombeau de Henri IV et de sa femme, et ceux d'Édouard, le fameux prince Noir ; de l'évêque Coligny, et du doyen Woolton ; la chapelle de la Vierge, où Thomas Becket fut assassiné ; enfin les degrés par lesquels les nombreux pèlerins montaient à sa châsse dans la chapelle de la Trinité. La crypte a aussi été ornée comme une chapelle.

Les autres objets de curiosité sont les ruines de l'abbaye de Saint-Augustin, près de la cathédrale ; celles du château et les murs de la ville ; l'église Saint-Martin, qui a un clocher des plus anciens. *Auberges* : the Fountain, the King's head, the Rose, the Red-Lion. Pop. 12,745 h.

Ospringe, village de 650 habitans, traversé par un petit ruisseau d'eau limpide. Henri III y avait fondé un hôpital, qu'il avait nommé la Maison-de-Dieu, dont on voit encore quelques ruines vers le nord du village. *Auberge* : Red-Lion.

Sittingbourne était autrefois une ville de marché : son église, qui est grande et belle , contient quelques monumens curieux. *Auberges* : the George, the Rose. Pop. 1,350 h.

Chatham, ville grande et populeuse du comté de Kent, à trois quarts de mille à peu près de la route de Douvres, à la gauche de Rochester, célèbre par ses immenses chantiers de construction et ses arsenaux de marine, protégés par de bonnes fortifications : on y remarque une corderie qui a onze cent quarante pieds de longueur. *Auberges* : the Mitre, the Sun. Pop. 14,754 habitans.

ROCHESTER, ville du comté de Kent, sur la rive droite de la Medway. Cette ville est des plus anciennes, puisqu'elle portait déjà le titre de ville en 597. Les principales curiosités sont les ruines du château, situées sur une éminence dont la Medway baigne le pied, et qui présentent un des morceaux les plus curieux de l'architecture militaire des Normands, et l'église qui fut élevée dans l'origine par l'évêque Gundulp dans le douzième siècle. *Auberges :* the Crown, the Bull, the King's head. Pop. 9,309 h.

Gad's hill, 8ᵉ relais à 45 milles de Douvres, immortalisé par Shakspeare comme la scène des exploits de sir John Falstaff; on traverse un bois et on passe aux villages de Chalk et de Milton, et l'on arrive bientôt à

GRAVESEND, 9ᵉ relais à 49 milles ¹/₄ de Douvres, dans le comté de Kent, sur les bords de la Tamise, considéré comme la limite inférieure du port de Londres. C'est là que s'arrêtent les vaisseaux pour être visités par les officiers de la douane. On y remarque un joli hôtel-de-ville, une église élégante. *Auberges :* the Falcon, the White hart. Pop. 3,814 h.

Northfleet, 10ᵉ relais à 50 milles ¹/₄ de Douvres, dans le comté de Kent. On y trouve des puits à craie et une église qui renferme quelques monumens anciens, parmi lesquels il en est un consacré à la mémoire du docteur Brown, médecin de Charles II. Pop. 1,910 h.

DARTFORD, 11ᵉ relais à 56 milles ¹/₄ de Douvres, dans le comté de Kent, sur la Darent. On y voit les restes d'un couvent fondé par Edouard III, et dans l'église un monument à la mémoire de sir J. Spelman, qui le premier introduisit la fabrication du papier en Angleterre. *Auberges :* the Bull, the Bull and George, the Rose. Pop. 3,593 h.

Crayford, 12ᵉ relais à 57 milles ¹/₄ de Douvres, dans le comté de Kent, sur la Cray. On y pêche d'excellentes truites. Il a des fabriques de toiles peintes, une manufacture de cercles de fer et plusieurs grottes artificielles ; enfin une église, bâtie sur une éminence, dont l'autel est orné d'un tableau estimé. Pop. 1,210 habitans.

Shooter's Hill, 13ᵉ relais à 62 milles ¹/₄ de Douvres, dans le comté de Kent. On y remarque le château.

DEPTFORD, 14ᵉ relais à 67 milles de Douvres, ville sur la Tamise. Elle est divisée en ville haute et ville basse. On y remarque l'église Saint-Nicolas, qui a été rebâtie en 1697; la nouvelle église de Saint-Paul, d'une belle construction de style corinthien, élevée en 1730 ; l'arsenal de la marine royale, bâti sous Henri VIII. Cette ville a deux hôpitaux et une école de charité. Pop. 17,000 h.

On quitte le comté de Kent pour entrer sur celui de Surrey. Au sud, grande route de Londres à Hasting. On traverse le canal de Croydon, route de Camberwell, on tourne à droite; on passe à *Halfway*, puis sur le canal du Grand-Surrey, et on arrive à Londres par le faubourg de Kent Road, après avoir parcouru 71 milles depuis Douvres.

DE BRIGHTON A LONDRES,

par Balcombe et Croydon, 51 m. $\frac{1}{2}$, ou 21 l. $\frac{3}{4}$.

De Brighton à Friars Oak		Black Corner	5 $^1/_4$
Inn	8 $^1/_2$	Red Hill	6 $^1/_4$
Cuckfield	5 $^1/_4$	Croydon	11
Balcombe	4 $^3/_4$	Londres	9 $^3/_2$

BRIGHTON ou *Brighthelmstone*, dans le comté de Sussex, possède aujourd'hui les bains les plus fréquentés de l'Angleterre. L'objet le plus curieux de la ville est le Pavillon, palais bizarre, mais richement meublé, élevé par sa majesté George IV, comme résidence d'été. Les écuries, près du château, sont bâties dans le style mauresque, et sont supérieures à tout établissement de ce genre.

Le voyageur doit voir aussi le Steyne, avenue charmante, entourée de maisons agréables, située sur les bords de la mer.

A un mille de la ville il y a un très-bel emplacement pour la course des chevaux, et à 5 milles au nord-ouest un endroit très-romantique, appelé *the Devil's Dyke* (le Trou du Diable). Ces deux endroits, et surtout le dernier, offrent un coup d'œil magnifique. *Hôtels et Auberges :* the Castle, the Royal York, the Old ship, the New ship. Pop. 24,429 h.

CUCKFIELD, 2e relais à 14 milles $^1/_4$ de Brighton. A peu de distance de cette ville, on laisse à gauche la route de Londres par Crawley et Ryegate.

3e relais à 18 milles $^1/_2$ de Brighton. On laisse à droite le parc et un étang considérable.

4e relais à 24 milles $^1/_4$ de Brighton. On sort du comté de Sussex pour entrer dans celui de Surrey.

5e relais à 31 milles de Brighton. Plus loin, après avoir longé

Frenches, on arrive vis-à-vis le parc de Gatton, en laissant à gauche la route de Ryegate.

6e relais à 42 milles de *Brighton*.

Ville peuplée du comté de Surrey. L'église est un très-beau monument ancien, qui contient les tombeaux des archevêques Sheldon, Wake, Grindall, Whitgift, Potter et Herring. On remarque aussi les restes d'un palais appartenant autrefois aux archevêques de Cantorbéry, qui est aujourd'hui une manufacture de toiles peintes ; la cour d'assises, l'hôpital de Whitgift, fondé par l'archevêque de ce nom.

A Carshalton, près de Croydon, est l'auberge nommée *Greyhound inn*, rendez-vous célèbre de tous les amateurs de la chasse. Les environs sont très-propres à cet exercice. *Auberges:* the Greyhound inn, the Crown, the King's armes. Pop. 9,254 h.

DE BRIGHTON A LONDRES,
par Ryegate et Sutton, 52 m. $\frac{3}{4}$, ou 22 l. $\frac{1}{2}$.

De Brighton à Hickstead	12 $^1/_4$	Gatton	1 $^1/_4$
Crawley	9 $^1/_4$	Sutton	7 $^1/_4$
Ryegate	9 $^1/_4$	Tooting	5 $^1/_2$
		Londres	6

De Brighton à Pyecomb Chu. (voyez la première route) on passe au village Pyecomb ; la route se dirige à gauche, en laissant à l'ouest celui de Newtimber et son parc ; plus au nord et à gauche de la route, Bishops Place et Albourn Gr. ; à droite, route d'Hurstperpoint, et du côté opposé celle de Shermanbury : on traverse un ruisseau qui se jette dans l'Adur, rivière, et on arrive à

Hickstead, 1er relais à 12 milles $^1/_4$ de Brighton, petit village du comté de Sussex. *Auberge :* the Castle.

2e relais à 22 milles $^1/_2$ de Brighton.

RYEGATE, 3e relais à 31 milles $^1/_4$ de Brighton.

Ryegate, dans le comté de Surrey. Il y a une église, un marché sur l'emplacement de la chapelle Saint-Thomas, un *Town hall;* mais tous ces monumens n'offrent rien de curieux. Près de Townhall est le fameux canal souterrain construit en 1824. *Auberges :* the Swan, the White-Hart. Pop. 2,961 h.

4e relais, établi à cet endroit, vu les difficultés que la route offre près de là (33 milles $^1/_2$).

Gatton est un bourg très-ancien dans le comté de Surrey, qu'on suppose avoir été occupé par les Romains. *Auberge :* the Cock.

Un peu avant Sutton est la résidence du comte de Derby, appelée *the Oaks*, demeure somptueuse, ornée de quelques bons tableaux ; on y jouit d'une vue magnifique.

DE BRIGHTON à LONDRES, par Lewes et East-Grinstead, 57 m. $\frac{1}{2}$, ou 24 l. $\frac{1}{4}$.

De Brighton à Falmer	4 $^1/_2$	East-Grinstead	5
Lewes	4	Newchapel Green	3 $^3/_4$
Chailey	6 $^1/_2$	Croydon	15 $^1/_4$
Wych-Cross	9	Londres	9 $^1/_2$

Brighton (voyez la description de cette ville page 14).

Falmer, 1er relais à 4 milles $^1/_2$ de Brighton, dans le comté de Sussex. A gauche de ce village est *Stanmer-Park*, résidence du comte de Chichester. Pop. 210 h.

Lewes, 2e relais à 8 milles $^1/_2$ de Brighton, ville d'une haute antiquité, située sur la rivière d'Ouse. Les principales curiosités sont les ruines du château, élevé par Warren, comte de Surrey, beau-fils de Guillaume-le-Conquérant ; celles du prieuré de Saint-Pancras, fondé également par lui après la bataille décisive remportée sur Harold ; l'église de Saint-Jean *sub castro*, au centre d'une petite place ovale, remarquable parce qu'elle contient une inscription qu'on dit avoir été faite du temps d'Edouard III, et un très-beau tableau sur l'autel, représentant les enfans amenés devant Jésus-Christ. Lewes a quelques belles rues et deux larges faubourgs, l'un appelé *Southover* et l'autre *Cliff*. Il y a une forte manufacture de papiers et une fonderie de canons. Les marchés sont très-bien fournis, et il s'y tient une foire annuelle où l'on vend de 60 à 80,000 têtes de bétail.

Sur la colline, à un mille $^1/_4$ environ de la ville, il y a un emplacement pour la course des chevaux. On le regarde comme le lieu de toute l'Angleterre le plus convenable à cet exercice. *Auberges :* the Star, the Whit hart. Pop. 7,083 h.

Chailey, 3e relais à 15 milles de Brighton, bourg de 700 h., qui n'offre rien de remarquable.

Wych-Cross, 4e relais à 24 milles de Brighton, dans le comté de Sussex. A 4 milles environ est *Sheffield Place*, résidence du

comte de Sheffield, et *Fletching church*, qui renferme les dépouilles mortelles de Gibbon l'historien. Sur son tombeau on
lit une épitaphe composée par le docteur Parr.

East-Grinstead, 5ᵉ relais à 29 milles de Brighton, dans le
comté de Sussex. L'église est un monument curieux ; une inscription apprend qu'elle fut fondée par R. Lewkmoor. *Auberges :*
the Crown, the Dorset arms. Pop. 3,153 h.

Newchapel-Green, 6ᵉ relais à 32 milles ¹/₄ de Brighton.

Tableau de Londres.

LONDRES. Long. à Saint-Paul 17° 34' 15" (île de Fer) ; lat.
50° 30' 94". Population, d'après le dénombrement de 1811,
1,099,104 h., 8,000 rues, 60 places et 160,000 maisons et habita-
tions. En 1819 on évalua la longueur depuis Hyde-Park Corner
jusqu'à Poplar, à 7 milles anglais. (Le district du Tower est le
plus peuplé, et renferme 211,869 habitans.)

Edifices remarquables. Curiosités. — La cité ou Londres. Le
pont de Londres (c'est le plus ancien pont de la métropole,
construit il y a 800 ans, avec une balustrade de 12 pieds de
hauteur ; lorsqu'on est dessus il présente le plus beau coup
d'œil d'une très-grande ville et d'une rivière couverte de vaisseaux). Les machines hydrauliques proche du pont sont l'inven-
tion d'un Allemand. On a pour les parties de la ville à l'ouest et
au nord, la machine hydraulique de New-River. Le Monument,
(cette colonne s'élève à la hauteur de 202 pieds, sur 15 de dia-
mètre. En dedans on a pratiqué un grand escalier de marbre
noir formé de 345 marches, et l'on sort sur un balcon d'où l'on
jouit d'une très-belle perspective ; ce monument est érigé en
mémoire du fameux incendie de 1666, qui dévora 400 rues,
13,200 maisons, la cathédrale de Saint-Paul, et 89 églises paroissiales). Fishmonger's hall ; la tour ou le Tower (il faut se
munir d'une petite brochure qui porte le titre : *Historical description of the Tower of London and ist curiosities*, p. ex. les bureaux de l'artillerie, de la monnaie, les archives, les différens
arsenaux, la ménagerie, les dépouilles de la flotte invincible,

2*

des anciennes armures, *the Jewel office*, etc.). C'est non loin du Tower que sont les Docks ; il y en a plusieurs : de la compagnie des Indes orientales, de celle des Indes occidentales, et de Surrey ; ces Docks, ou magasins, sont situés, partie à Southwark, partie au centre de la ville. Ces Docks donnent l'idée la plus frappante de l'immensité du trafic commercial de cette métropole : chacun des deux bassins du Dock de la compagnie des Indes occidentales peut contenir mille vaisseaux. La douane ; *Trinity-alms-house* ; la Bourse au blé ; la Halle des drapiers ; l'église de Dunstan (c'est un chef-d'œuvre de gothique moderne, surtout son clocher, haut de 125 pieds) ; l'hôtel de la compagnie des Indes ; le Leadenhall-market (le marché le plus considérable qu'on connaisse en Europe pour les provisions de bouche) ; l'hôtel des Postes ; l'hôtel de la compagnie de Hudson ; Royal-Exchange ou la Bourse royale (détruit par l'incendie de 1666 : l'édifice qui subsiste aujourd'hui fut bâti immédiatement après, et coûta à la cité 80,000 livres sterlings. Les marchands s'y assemblent entre midi et 3 heures). Sun-Fire-Office ; la Taverne de Londres ; le bureau de l'excise (bel édifice construit en briques) ; bank of England (le dessous est le plus précieux ; ce sont des souterrains extrêmement vastes, dont les murs sont d'une force extraordinaire, et toutes les portes en fer : c'est là qu'est déposé l'or, tant monnayé qu'en lingots. Un étranger ne doit pas manquer d'aller examiner l'ordre admirable qui règne dans l'exercice de toutes les fonctions, et s'il peut, d'en voir l'intérieur ; ce qu'un des directeurs peut aisément lui procurer. Le total du nombre des employés au service de la banque monte à 140 personnes). L'hôtel de la compagnie de la mer du Sud ; l'hôpital de Bedlam (superbe maison, la façade est belle ; la longueur de l'édifice est de 540 pieds. Il faut remarquer les statues de Cibber, représentant la Folie mélancolique, et la Folie furieuse). Blankwell-hall (le plus grand magasin qui existe en Europe, pour draps et étoffes de laine). Sion-collége ; l'église de Saint-Gilles (Milton y est enterré ; ni monument ni inscription quelconque n'ornent son tombeau). Mansion-house, hôtel du Lord-Maire (le portique est la chose la plus remarquable). London-Stone (simple pierre dans les murs de l'église Saint-Swithias ; déjà du temps d'Athelstan elle était renommée par son antiquité) ; l'église de Saint-Etienne (le plus beau morceau d'architecture à Londres ; il est du même architecte que Saint-Paul, c'est-à-dire de sir Christophe Wren ; peu d'églises plaisent plus que celle-ci au premier coup d'œil) ; l'église de Sainte-Marie le Bow (ouvrage du même architecte ;

son clocher fait plaisir aux connaisseurs). Goldsmith-hall ; doctors commons ; la cathédrale de Saint-Paul (les frais de la construction montèrent à 736,752 livres sterlings. Commencée en 1675, elle a été finie en 1710 par un seul et même architecte, le chev. Wren, qui est enterré dans les souterrains voûtés de l'église, avec cette belle inscription : *Si quœris monumentum, viator, circumspice !* On y a placé un monument par Westmacot, en l'honneur du général Abercomby, tué en Egypte. Ajoutez-y les monumens de Johnson, de Howard, de Jones, de Dundas, etc. Des drapeaux et des pavillons sans nombre attestent les victoires britanniques. Les étrangers qui visitent cette église reçoivent des mains des préposés à la garde, la liste et la description imprimée des curiosités à voir. Le prix des gratifications est fixé et marqué au-dessus des portes ; deux pences, quatre pences, etc. Le tout ne monte qu'à deux schellings.

Les personnes qui désirent voir la coupole de Saint-Paul de près, le peuvent en faisant conduire à la Whispering Callery : elles arriveront à la grille de fer que M. Dutens ne craint point d'avancer être la plus belle du monde, qui est au pied de la lanterne, et jouiront de cet endroit, du coup d'œil le plus étendu et le plus varié. Mais tout le monde ne peut pas se donner ce plaisir ; car des 534 marches qu'il faut monter pour y arriver, il n'y en a que 230 de faciles ; le reste demande un peu de courage, en sorte que bien des personnes se contentent de gagner la première balustrade. Christ's hospital (les orphelins qu'on y élève, au nombre de mille et plus, sont appelés, à cause de leur habillement, les *enfans bleus*). Le collége des médecins ; apothecaries-hall ; le pont de Black-friars (il a 995 pieds de long) ; Saint-Bartholomew-hôpital (le bâtiment est fort beau, l'escalier est peint par Hogarth) ; Sessions-house ; Fleet-Market et la prison de Fleet ; Bridewell-Hospital (les affaires de cet établissement sont sous la direction de 300 gouverneurs, à la tête desquels est toujours le Lord-Maire) ; Templebar (c'est sur la plate-forme de cette porte que l'on expose ordinairement les têtes des criminels d'État) ; le Temple ; the 6 Clercks-Office.

Westminster. — Sommerset-house (l'architecture de cet édifice a de grandes beautés et de grands défauts : vu de la rue, ce palais ne paraît avoir que deux étages ; mais vu de près, on en découvre encore deux autres de la même grandeur enfoncés au sein de la terre) ; la Savoye, le théâtre de Coventgarden, Adelphi-buildings, York-buildings, les machines hydrauliques à

Strandstreet. Le pont de Waterloo, ou Strand-Bridge, fini en 1817. Il a 9 arches, chacune de 120 pieds d'ouverture; sa longueur est de 2,890 pieds, et il est le plus grand pont de l'Europe. Le palais du duc de Northumberland (la façade d'Inigo Jones; cet hôtel mérite d'être vu); la statue équestre de Charles I, à Charing-Cross, c'est la plus estimée de toutes les statues publiques de Londres. Elle est aussi remarquable par l'anecdote suivante. Après la décapitation de ce malheureux prince, cette statue équestre fut abattue et vendue au plus offrant. Un fondeur l'acheta, l'enfouit dans sa cave, et fit une fortune considérable, en vendant des chandeliers qu'il prétendit être fondus du bronze de la statue. Lors de la restauration, Charles II, enchanté de retrouver ce monument, le paya royalement et le fit rétablir. Les écuries, l'amirauté, the Horseguards, treasury, ou la trésorerie. L'abbaye de Westminster : *An historical description of Westminster-Abbaye, its monuments and curiosities*; petit livre très-instructif, prix 1 shelling. Les monumens rassemblés dans ce temple montent à plus de cent. Le plus beau de tous est celui de lord Chatham, père de M. Pitt, érigé par le parlement, et qui a coûté 40,000 livres ster. On a peut-être lu ou entendu dire que l'actrice Oldfield, que Londres regrette encore, a un monument dans l'abbaye de Westminster. Elle n'en a point; il est vrai que ses cendres y reposent, mais incognito. Newton, Hendel, Garrick, y ont des monumens; on y remarque aussi, pour l'artistique, ceux de Wolf, de Mansfield, de lady Nightingale. Sheridan y est inhumé. Westminster-hall, (la vaste salle mérite surtout l'attention des étrangers, c'est certainement la plus grande salle au monde : la charpente qui soutient le toit est avec raison admirée; il y a 400 ans qu'elle a été faite); le pont de Westminster (sa longueur est de 1,223 pieds, sa largeur de 44, dont 30 pour l'usage des voitures, et 14 partagés de droite et de gauche pour les trottoirs. La totalité de la construction a coûté 389,500 livres sterlings. Un étranger qui arrive à Londres par ce pont, est frappé de la vue de la rivière, de la beauté du pont, de la largeur et de la propreté des rues et de leurs trottoirs. Ce pont contient près du double des matériaux employés pour la construction de Saint-Paul.) Grey et Greencoats hôpital, Saint-James park. (Dans les beaux jours d'hiver le mail est la promenade à la mode. Ce mail, ainsi que ses deux allées collatérales, a environ 1,000 pas de longueur sur 80 de largeur. La longueur du canal est la même, mais sa largeur est de 42 pieds. Le pont chinois le traverse; ce pont fut construit en 1814 dans une seule nuit. Au reste, il faut remarquer que les fameux parcs de Londres ne sont guère ombragés par des arbres ; ce sont seulement de grands boulingrins , ou prairies, coupés par des chaussées et des sentiers. Le télégraphe est élevé sur la place d'Armes.) Buckinghamhouse. (L'intérieur du palais est simple et noble ; il ne faut pas oublier de voir une très-belle collection de tableaux, et la bibliothèque du feu roi, qu'il a formée lui-même.) L'hôpital de Saint-George; le palais de Saint- James (il n'y a guère de palais en Europe qui figure plus mal comme résidence d'un grand roi. Lorsque S. M. est dans la capitale et qu'elle assiste au service divin , on est admis gratis dans la chapelle. Le service commence le dimanche à midi. Quiconque est en état de se présenter décemment est admis aux levers du roi). Carlston-House et son parc, palais magnifique , rempli de curiosités rares et précieuses ; on y trouve une collection unique, c'est celle d'armes , d'armures , d'ouvrages de l'art, de costumes riches et variés de toutes les nations, distribués avec goût et intelligence par le roi même. Faites-vous montrer l'épée de Bayard , et celle forgée par Benvenuto Cellini, et le salon gothique, superbe chef-d'œuvre dans ce genre d'architecture. Banqueting House (chef-d'œuvre d'Inigo Jones) ; Buleting-house (l'escalier peint par Sebastien Ricci) ; théâtre de l'opéra , le petit théâtre, Cavendish-square (on y voit la statue équestre du duc de Cumberland , érigée aux frais du général Strode). Berkley-square. (George III a enrichi cette place de sa statue équestre , dans le caractère de Marc-Aurèle.) Le cirque , Crosvenor square (la plus belle place de Londres , au milieu est la statue équestre du roi George II. Cet emplacement est si élevé , relativement au niveau de la Tamise, que la tête de la statue est plus haute que le monument.) Middlesex-hospital, la rue d'Oxford, l'église de Saint-Anne-Soho (au cimetière le tombeau du fameux baron Théodore , roi de Corse). Soho-square (avec la statue de Charles II). Leicesterfields (avec la statue de Georges II). Albions-mills. (Des moulins immenses et très-curieux sur la Tamise. Les squares sont des places publiques , ou plutôt de petits jardins d'une grande beauté. Grosvenor-Square tient le premier rang; suivent Berkley-Square et Portmons-Square.)

. *Faubourgs de Londres et Westminster.* — L'Hyde-park (son étendue est de 6 milles anglais). Lincols-Inn (et la belle place de ce nom : sa grandeur est la même que celle de la base de la grande pyramide de Memphis). Le musée britannique; Bedford-Square, avec la statue du duc de Bedford (cette statue et celle de Fox en bronze, placée en 1816 à Bloomsbury-Square , forment deux grands ornemens de Londres). Quens-square (avec la statue de la reine Anne). Foundling - hospital (c'est le plus riche des hôpitaux de Londres, et le produit des contributions charitables s'accroît chaque jour : ces donations sont très-considérables. On y admire aussi plusieurs tableaux du grand Hogarth). Gray's-inn, l'église de Saint-James à Clerkenwell-green (on y voit le tombeau de Burnet). L'hôpital de la petite vérole - ou small-pox-hôpital, Askes-hospital, Jeffries Alms-house, London-Infirmary (l'un des plus beaux établissemens de charité qui existent en Europe).

Southwark. — Saint - Thomas - hospital , Guy's - hospital (fondé par un libraire ; il y a 450 lits, et on y donne aussi des remèdes à 1,500 malades hors de l'hôpital : il n'y a pas d'exemple en Europe d'une charité aussi étendue, fondée par un simple particulier). Kings-Bench, le Cirque (sur l'obélique sont marquées les distances des ponts de Londres et des autres endroits remarquables), Magdalen-house, the Asylum. Le pont de Southwark, ou New London-Bridge , commencé en 1815, fini et ouvert en 1819 : il n'a que trois arches, dont celle du milieu a 240 pieds d'ouverture ; c'est la plus grande que l'on connaisse. Le poids du fer employé à la construction de ce pont est de 11,200,000 livres. La rue principale qui coupe Londres, sous différentes dénominations, et dans la longueur de 2 milles allemands , commence par Mile End Road, et finit par Oxford-Street et Saint-George - Row. Chaque rez-de-chaussée y est Shop ou boutique.

Notice de quelques hôtels remarquables. — Hôtel de Bedford, dessin d'Inigo Jones ; hôtel de Lansdown (il y a une belle bibliothèque) ; hôtel de Marlborough (beaux tableaux, entre autres la bataille de Hochstaed , très-riche collection de pierres gravées) ; hôtel de Devonshire (curieuse collection de médailles antiques) ; maison du général Clerk (incombustible, car il n'y entra point de bois).

Collections. Cabinets. — Le musée britannique. (Le musée est divisé en 3 départemens : le premier contient les manuscrits, les médailles, et les monnaies antiques ou curieuses ; le second est, à proprement parler, un cabinet d'histoire naturelle ; le troisième est la bibliothèque des livres imprimés ; quantité d'autres articles plus ou moins curieux sont épars dans différentes pièces au nombre de 42. La collection d'antiquités et la partie des vases étrusques sont très-riches et très-nombreuses. La liste détaillée en serait trop longue. Les Elgin's Marbles, ou les antiquités précieuses du temps de Phidias et de sa main, viennent d'augmenter toutes ces richesses. Le vase du duc de Portland, acheté 36,000 l. st.; les briques de la tour de Babylone; le squelette pétrifié d'un homme trouvé à la Guadeloupe, etc.; le Scarabée égyptien, de la grandeur d'un tonneau; le sarcophage d'Alexandre-le-Grand, la table d'Isis, etc. La garde en est confiée à un directeur. Excepté les samedis, les dimanches et les jours de fêtes, on ouvre le musée trois fois par jour aux curieux, à 9, 11 et 1 heure, et chaque fois à 15 personnes, pas plus ni moins. Le portier indique le jour où l'on peut revenir prendre le billet d'admission, après lui avoir envoyé son nom par écrit. On ne paie aucune gratification aux gardiens. L'hôtel où se trouve ce musée est un des plus beaux de Londres.) — Les bibliothèques publiques des barbiers, de doctor's commons, de Gray's-inn, de middle et inner temple, du palais épiscopal, de Lincolnsinn, des médecins, de la reine, de la société royale, de Saint-Paul, de Sion-collége. — Il existe dans cette ville riche et immense un grand nombre de collections particulières et précieuses, mais dont la liste détaillée nous mènerait trop loin. Il suffira d'indiquer : le Musée d'animaux vivans, Linword Gallery, Barkers Panorama, musée européen, musée de Weck, Wests galerie de tableaux, les Bazaars, le cabinet de sir Joseph Banks. L'exposition des tableaux à Sommersethouse, où est établie l'académie royale de peinture. — Au musée du banquier Hope, la collection précieuse des vases étrusques de Hamilton.

Etablissemens littéraires et utiles. — The royal Society. Elle compta en 1816 649 membres vivans, dont 44 étrangers. — Society of antiquaries, royal Institution of Great-Britain; la société des arts, des manufactures et du commerce; London institution, Surrey Institution, Russel Institution; la société des apothicaires, la société pour l'encouragement des sciences et des arts; les sociétés d'entomologie, de minéralogie, etc., etc. Gresham et Sion, et Royal-Surgeons-College. — (Sans compter les pensions, les Free-et-Boarding-schools, la société pour fournir des secours aux pauvres femmes mariées, dans leurs logemens; la société pour mettre les pauvres enfans mâles en état de servir sur mer; la société pour la propagation du christianisme; la société pour la distribution gratuite des livres religieux et d'édification (elle en a distribué, dans l'espace de vingt années, 30 millions d'exemplaires, et dans toutes les langues, tant européennes qu'orientales.) La société biblique, la société pour convertir les Juifs, la Church-Missionary-Society, la société pour le soulagement des veuves des ecclésiastiques, la société pour rappeler à la vie les personnes noyées, la société pour la délivrance de personnes emprisonnées pour de petites dettes, la société pour le soutien des pauvres veuves en général, la société pour le soutien des pauvres veuves des musiciens, la société pour la protection du commerce contre les escrocs, etc. (Nous avons déjà parlé des principaux hôpitaux établis dans cette ville immense : mais il y a encore une foule d'autres établissemens charitables, des infirmeries générales, des apothicaireries publiques, etc.)

Sociétés commerçantes et marchandes formées en corporations. — East-India-company, bank of England, compagnie de Hambourg, compagnie d'Afrique, compagnie de Russie, South-Sea-company, Turkey-company, compagnie d'assurance amiable, compagnie des tontines, compagnie pour la pêche, Hudsons-bay-company, compagnie pour assurer la vie, London annuity office, Hand in hand fire-office, London assurance fire-office, New-fire-office, Sun-fire-office, Union fire-office, Westminster fire-office, Phœnix fire-office, Royal exchange assurance office, etc.

Spectacles. Divertissemens publics. — Théâtre de l'opéra, dit Kings théâtre. Les représentations commencent en novembre et finissent en juillet; l'ouverture se fait à 7 heures. Le théâtre de l'opéra est le seul où l'on peut s'abonner : cela n'a pas lieu aux autres spectacles; mais on y peut se faire garder des places jusqu'au commencement du second acte, où l'on perd sa place, si l'on n'en a pas usé. *Drury-Lane*, le plus ancien des deux théâtres nationaux; c'est là que Garrick s'est immortalisé. Le rideau de la nouvelle salle est en cuivre. *Coventgarden*. Les amusemens publics de Londres, en spectacles et en concerts, se divisent suivant les saisons. En spectacles d'hiver : Kings-Théâtre, Drury-lane, Covent-Garden, Théâtre-Royal, Théâtre-sans-Pareil; Théâtre-Cobourg, Théâtre-Olympique; en spectacles d'été : Haymarket-Théâtre, le Lycée, Sadlers-Wells, Astleys-Amphithéâtre, Surrey-Théâtre; en concerts : le concert royal ou ancien, le concert philharmonique, les oratorios à Lent, aux théâtres, la society Cecilian, ou de la musique sacrée; l'Apollonicon, etc. Il faut y ajouter les concerts à Williss Rooms, à Hannovre Square Rooms, à Argyle Rooms, à Tree-Masons Tavern, à London-Taverns, à Crown-Taverns, à Albion, etc.

Les jardins publics, nommés Thea gardens (ils sont presque déserts 6 jours de la semaine, et s'ils sont pleins le dimanche, on ne doit pas s'attendre à y trouver une compagnie choisie : on y dîne, on y soupe, on y prend du thé, etc.; mais on ne paie rien pour l'entrée). Le Vauxhall (il s'ouvre depuis le mois de mai jusqu'au mois d'août, à 7 heures et demie du soir, tous les jours, excepté les dimanches. Prix d'entrée, 1 schelling. On y voit le monument du grand musicien Hendel, et des tableaux très-estimés de Haymann). Ranelagh (il s'ouvre depuis avril jusqu'à juillet. Prix d'entré, $^1/_2$ crown). Des cercles, dits clubs (ils ne sont formés que d'hommes. Il y a dans Londres des clubs pour tous les états, pour toutes les classes, du prince du sang, du riche négociant, jusqu'au savetier et au marmiton. La mode des clubs s'est communiquée à toute l'Europe). Tavernes, cafés, cabarets à bière, Gambling-houses, bagnios, etc. Personne ne doit quitter Londres sans avoir fait une visite au fameux café de Lloyd.

Promenades. — Hyde-Park, Park du Régent ou du roi actuellement régnant; Kings-Road, Harrow-Road, le circuit de Hampstead et Highgate. The Ladies line, près de la tour; le parc de St-James (principalement le mail); la terrasse de York buildings, Greenpark et the Wilderness, Goldensquare, Grosvenor-square (la plus jolie place de Londres); le jardin à Lincols-inn; Blombsbury-square.

Avis divers. — Il faut que l'étranger sache l'anglais, sinon il sera plus ou moins embarrassé. Celui qui voyage pour voir la campagne, les jardins, le local d'un pays, n'a besoin que d'un valet de place qui parle l'anglais et le français, et on en trouve dans tous les hôtels garnis. Pour ceux que leurs affaires attirent en Angleterre, ils trouveront toujours dans les maisons de leurs correspondans quelqu'un qui sait le français. Un étranger qui veut voir les Anglais chez eux doit se pourvoir de lettres de recommandation; non de ces lettres en l'air, mais de bonnes lettres d'un ami à son ami, et dont celui qui les donne sait qu'elles produiront l'effet désiré. Alors il peut s'assurer qu'il sera bien reçu. Pour bien voir Londres il faut y venir au plus tard à la fin d'avril, ou au commencement de mai. C'est le temps où les spectacles sont encore ouverts, ou le parlement siége, où toute la bonne compagnie est rassemblée, où les routs ou assemblées du grand ton sont encore en vogue. Plus l'affluence est grande dans un rout, au risque d'être étouffé, plus le rout a été brillant. Pendant que l'on se livre à ces objets, le printemps s'avance, la campagne s'embellit, et vous partez pour votre tournée en Angleterre, ou vous faites vos courses aux environs. Tout étranger qui séjourne à Londres doit prévenir ses correspondans que toute enveloppe à 4 cornes, telle qu'elle est d'usage en France et en Allemagne, ne contînt-elle qu'un billet de quart de feuille, paie le double. Les lettres pour toutes les parties de l'Europe partent de Londres les mardis et vendredis à minuit, excepté celles pour le Portugal. Elles arrivent généralement à Londres les lundis et vendredis. La penny-post, ou la petite poste, fait parvenir avec célérité, dans toute l'étendue de la banlieue de Londres, tout paquet de papier n'excédant pas une livre en poids, et la valeur de 10 livres sterlings. La personne qui envoie paie 2 pences. Le service se fait huit fois par jour. Cet établissement a six bureaux principaux et plus de 400 petits, qui leur sont subordonnés. La Tamise est couverte de bateaux de louage, ou watermen : on en compte au-delà de 10,000 occupés à conduire vers tous les points de Londres tout passager qui croit abréger son chemin, ou qui aime l'eau. Ils sont obligés d'avoir leur numéro attaché à l'un de leurs bords. Les fiacres sont également numérotés à la portière. On compte de plus 400 chaises à porteurs. Quand on fait usage de ces bateaux, fiacres, ou chaises à porteurs, il est bon d'avoir son *guide* ou *Picture of London* sur soi, pour être au fait du prix fixé par le tarif pour l'étendue de la course ou le temps employé. Le fiacre a le choix de se faire payer au mille ou à l'heure, selon qu'il y trouve mieux son compte. La manière la plus économique d'employer les fiacres, est d'en changer de course en course (*fare*), et de payer chaque fois un schelling. La plus dispendieuse, dans tous les cas, est de garder son fiacre, ne fût-ce que pour un quart d'heure. N'oubliez pas de vous embarquer sur la Tamise, au-dessous du pont de Londres ; et voguant sur ce beau fleuve, à travers les mille et mille vaisseaux qui le couvrent de toutes parts, ou qui sont serrés, à cinq ou six rangs dans le plus bel ordre, contre l'une ou l'autre rive, vous conviendrez sans doute n'avoir rien vu qui puisse donner une plus haute idée de toute la puissance, de tout le bonheur de l'industrie humaine. Les hôtels, ou grandes auberges, sont très-bien montés à Londres ; mais le mot d'hôtel annonce la grandeur et la dépense. Il y en a à présent plusieurs où l'on est très-bien, tels que l'hôtel de Néron, dans King-Street, St-James-Square ; l'hôtel de Grenier, Jermyn-Street ; l'hôtel de la Sablonnière, Leicester-Square, maison Suisse, etc. ; et des hôtels à modique prix, comme Adelphi sur le Strand, les Hummums, le Batés, etc. L'un de mes amis était parfaitement content, en 1817, de son séjour à Saint-Pauli Caffe-house.

On est bien servi dans ces hôtels ; il y a plusieurs garçons, toujours prêts, toujours alertes. Dans tous les quartiers, on trouve des chambres garnies et des maisons toutes meublées, à tout prix ; des chambres garnies depuis une demi-guinée jusqu'à trois guinées par semaine, et des maisons toutes meublées, depuis 5 jusqu'à 12, 20 et plus de guinées par semaine. Cette manière de se loger est la plus économique ; on nomme boarding-house les maisons particulières où l'on donne aussi à manger. Il y en a 12 notées au *Picture of London*. Il est d'usage de déjeuner le matin dans les boutiques de gâteaux, dont l'élégance et l'abondance frappent l'étranger : telle était celle de M. Birch, près la bourse, renommée par ses soupes aux tortues et ses petits pâtés. On peut se mettre en pension chez ses hôtes, et ce moyen est de même fort économique. De 15 shellings à une guinée par semaine, on peut être décemment nourri ; mais il faut payer régulièrement sa semaine. On a aussi la ressource de manger aux cafés ; mais un pareil dîner, pour peu que l'on boive du vin, double au moins la dépense que l'on ferait en se mettant en pension. La vie de taverne est encore plus dispendieuse. Il en est où, de quelque manière que l'on vive, il faut payer ce que l'on boit séparément. La boisson ordinaire est la bière. On en a de plusieurs espèces : le Porter est une boisson forte, mais analogue au climat, qui demande une *nourriture substantielle* en tout genre : cette vérité est importante pour la santé de l'étranger. Le vin qui convient le plus au climat, et qui coûte le moins, est le vin d'*Oporto;* la difficulté est de s'en procurer qui ne soit point frelaté. Il coûte quatre schellings la bouteille. Les vins de France sont chers, et il est difficile de s'en procurer de bons. Ceux de Portugal, d'Espagne, du Rhin et de la Moselle, sont de meilleure qualité. On a le Madère excellent. On boit peu de liqueurs, si ce n'est l'eau-de-vie et le rum. Quand on arrive à *Londres,* il faut monter son estomac sur un nouveau ton ; la distribution de la journée est bien analogue à une grande ville de commerce, de mouvement, d'argent, de papier et de politique. Du lever jusqu'au dîner, vers cinq heures, chacun veille à ses affaires. Cette longue matinée n'est interrompue que par un déjeuner plus en règle que les nôtres. Nous en avons parlé plus haut. On sert tout à la fois du thé et les papiers publics. On appelle Lunch un second déjeuner que l'on prend, chemin faisant, dans un café ou chez un restaurateur. C'est aussi le moment de l'amitié et des confidences. Avant le dîner, on refuse toute visite en règle. On n'est chez soi que pour ceux qui arrivent à pied et en déshabillé. On ne s'habille que pour l'heure du dîner, et alors toute affaire cesse pour le reste du jour. On compte à Londres 21 bains publics. C'est d'après l'horloge des Horse-Gouards que les habitans de Londres règlent leurs montres. Le dimanche est pour les étrangers un jour pénible ; car comme il faut se refuser ce jour même les occupations les plus innocentes, et tout ce qui a l'air du travail, ne fût-ce que tricoter, il ne reste que de faire de petites promenades ou excursions, si le temps et la saison le permettent. On trouve dans l'excellent Guide *Picture of London*, sous le titre *Diary of the public Spectacles*, la liste et la nomenclature de tout ce qu'il y a de curieux et d'intéressant à voir, tel jour et tel mois.

Environs. — Chelsea, à un mille et demi de Londres. (Il y a 408 soldats de terre, outre les officiers et les domestiques. On y a établi une école militaire et un jardin botanique.) L'hôpital de Greenwich, à 6 milles anglais de Londres, sur les bords de la Tamise. La reconnaissance nationale vient d'y placer un bas-relief, vrai chef-d'œuvre, c'est la mort de Nelson. (C'est par e que les étrangers doivent y aller, car l'ensemble vu de la rivière produit le plus bel effet. Ce beau bâtiment, construit en entier par le célèbre Christophe Wren, a coûté la somme de 150,000 livres sterlings, couvrant plus de 40 arpens de terrain.) L'observatoire de Greenwich, situé sur une colline, est un édifice simple, mais riche par la perfection des instrumens qu'il renferme. (On découvre de là un des plus magnifiques points de vue qui puissent exister. Les Anglais datent de cet observatoire leur premier degré de longitude.) Woolwich ou l'arsenal de la marine (on y montre l'armure du chevalier Bayard et le casque de Charlemagne). La pension de jeunes demoiselles à Campdenhouse (regardée comme la plus grande du royaume); les eaux minérales et les courses de chevaux à Epsom ; Brendenbourghouse, maison de campagne de feu le margrave d'Anspach-Baireuth à Hammersmith ; la maison de campagne du lord Melcombe à Hammersmith, avec une belle galerie de tableaux ; le palais royal à Hamptoncourt (superbe façade, nombre de précieux tableaux); Kensington (plus remarquable par la beauté des jardins) ; le jardin de Kew. (Le jardin de plantes étrangères ou botanique est le plus complet qui existe en Europe : jardin des fougères et des mousses, serres chaudes, sèches, humides et tempérées ; le jardin de plaisance, un peu surchargé d'ornemens, ne s'ouvre que le dimanche.) Osterley-house (l'une des plus jolies maisons de campagne des environs de Londres). Les jardins et le parc de Richmond, où l'on montre la maison de Thomson, sa place favorite, et la table sur laquelle il traça son poème immortel des saisons. (Pour bien jouir de la vue magnifique que ce beau lieu présente, on doit aller dîner à l'auberge du Crachat et de la Jarretière Star and Garter, l'une des meilleures d'Angleterre et dans une exposition charmante ; Chiswick, château et jardin de la duchesse de Devonshire, avec une collection précieuse de tableaux , etc.) Sion-house (beauté de la situation , beauté de l'intérieur, superbe salon d'entrée. Il faut avoir un billet d'admission) ; l'église à Stepney, Strawberry-hill , remarquable par la noble simplicité du genre antique qui y règne ; elle ressemble à une ancienne abbaye. Thordon - hall (le parc spacieux réunit l'art à la nature), le Trinity-hospital à Mile-End , le jardin de Pope à Twickenham (il est à présent la propriété d'une dame qui a sacrifié à son vandalisme économique tous ces beaux arbres et bosquets. Il n'en existe plus que la grotte. Les cendres du poète reposent à l'église). Connersbury (façade d'un très-bon goût ; beau point de vue de la Loggia) la belle maison du comte de Tilney à Wanstead (la maison est une des plus nobles du royaume). Windsor-Castle , le palais des monarques britanniques; la grande terrasse a 1,870 pieds de longueur ; le meilleur guide est : *Windsor and its environs , etc.* Les célèbres cartons de Raphaël se trouvent à présent dans ce palais. Pour voir le grand parc et la forêt, il faut monter à cheval ou aller en carrosse. Pour aller au petit parc , vous passez par la terrasse ; pour voir le château, les appartemens , vous vous faites donner un guide à votre auberge, et vous vous adressez au concierge. Fragmore était la maison et le jardin de feu la reine; on n'y entrait que par billets; on y admirait nombre de choses rares, un lit et six chaises d'ivoire, un appartement peint par la princesse Élisabeth. Il faut aller de *Windsor* à *Slough* pour voir l'appareil du télescope d'Herschel. Claremont , à 4 milles de Londres, que l'on fait en 2 heures (c'est le sanctuaire de feu la princesse Charlotte de Galles , d'immortelle mémoire, *omnibus flebilis occidit*).

Plans. Guides. — On peut se passer de tous les guides et de tous les plans , en se procurant un petit livre de poche , que nous avons souvent cité , aussi élégamment imprimé qu'utile à tous égards, et que l'on ne saurait trop recommander : c'est *The Picture of Londres* , avec 120 vues et estampes , et deux grands plans. Ce guide excellent se publie tous les ans.

*Lettre de M*** à un de ses amis à Londres , pour servir de guide aux étrangers dans leur tournée d'Angleterre.*

Vous êtes à Londres , mon cher ami , et vous me priez de vous guider dans un voyage que vous voulez faire en Angleterre. Je vais tout simplement vous tracer le plan de deux tournées dans les provinces les plus intéressantes de l'Angleterre : vous choisirez, d'après le temps que vous avez à y employer, celle qui vous conviendra le mieux.

D'abord , avant de partir de Londres, il faut vous munir d'un billet du propriétaire pour voir la grotte du jardin de *Pain's-hill* , et d'une permission ou recommandation pour être admis dans les arsenaux de *Portsmouth*. Je vous préviens que l'un est aussi aisé à se procurer qu'il est difficile d'obtenir l'autre ; vous pourrez, si vous voulez, vous en dédommager à *Plymouth* et à *Chatham*, où vous serez aussi libre que sur les quais de Londres.

Vous partirez donc de Londres pour les provinces méridionales , en prenant la route de *Portsmouth*. Le livre de poste ou *Cary's new Itinerary* est le meilleur guide pour les distances et les relais.

Votre premier objet sera le jardin de *Pain's-hill ;* cependant , si vous avez beaucoup de temps, vous pourrez vous arrêter entre *Kingston* et *Cobham* , pour vous promener dans les jardins de *Claremont* , la terre du prince Léopold de Cobourg et de feu la princesse Charlotte , dont la mémoire est si chère aux Anglais. Arrivé à *Cobham* , commandez votre dîner ; et , pendant qu'on le prépare , allez voir ce charmant jardin qui touche au village. Ne manquez pas de monter au haut de la tour , et d'observer que cet endroit délicieux est isolé au milieu d'une bruyère aride : vous pourrez imaginer les dépenses et le travail qu'il a fallu pour le créer. Vous aurez le temps , après le dîner, de faire quelques milles, et vous coucherez à *Liphook*, dans l'auberge de l'Anchor, ou à *Petersfield* , une poste plus loin. Vous serez le lendemain de bonne heure à *Portsmouth* , dont je ne vous dis rien , parce qu'il y a trop à en dire. Vous saurez seulement que l'auberge de la Fontaine est la meilleure , et que vous trouverez au quai des bateaux de louage, dans lesquels il est permis à tout le monde , même aux étrangers , de se promener librement dans la rade. En arrivant à l'auberge , on vous demandera votre nom , et c'est la seule inquisition que vous éprouverez.

Si vous voyagez en chaise publique (*Hackneychaise*), il faudra faire porter vos effets par un canot à Gosport , où vous trouverez des chevaux. Vous épargnerez par-là dix milles de chemin, que vous auriez été obligé de faire pour gagner Fareham sur la route de Southampton, en faisant le tour du port de Portsmouth.

La meilleure auberge de Southampton est le Star, et celle de Salisbury est l'Antelope. Vous n'avez rien à voir dans cette dernière ville que la cathédrale ; et elle en vaut bien la peine. D'ici vous vous mettez en route de bonne heure, et vous faites marché d'une chaise pour vous mener à Wilton, à Stonehenge et à Ambresbury. Wilton est le château de mylord Pembroke, et renferme la collection la plus précieuse d'antiquités, de statues, de bas-reliefs, de tableaux, etc. Il faut trois ou quatre heures pour la voir passablement bien. Les jardins sont peu de chose. Stonehenge est un monument d'antiquité fort extraordinaire et très-fameux. Les descriptions qui en ont été faites sont si merveilleuses, que vous aurez du profit à ne pas les lire. Si vous le faites, votre imagination exaltée par leur exagération sera certainement désappointée. Tout ce que je veux vous en dire, c'est que les savans et les auteurs se sont vainement occupés à en dévoiler l'origine, ils ne s'accordent qu'à en reculer la construction aux temps les plus éloignés des anciens Bretons, et plusieurs le regardent comme un temple des Druides : cette dernière opinion est la plus probable.

A Ambresbury, prenez la route de Bath, voyez le port de Bristol, et revenez à Oxford, où vous logerez au Star, auberge tenue par madame Stuard, et la meilleure de l'Angleterre. (*V.* aussi l'obs. loc. nº 4 de la route nº 11 de l'*Itinéraire*). Ici vous avez un almanach excellent qu'on appele *Oxford-Guide*, et qui pourrait vous diriger à merveille, si vous lisiez l'anglais. Vous n'avez que la ressource de prendre un guide animé : vous ne l'entendrez pas plus ; mais vous le suivrez, et il vous fera parcourir tous les colléges, dont quelques-uns sont des bâtimens superbes. Vous verrez aussi la bibliothèque Bodleïenne, et celle de Radcliffe. Je vous recommande, dans Queens college les peintures sur verre qui sont au-dessus de la porte : elles sont modernes, et il n'y a pas long-temps que le secret, perdu presque depuis l'ère chrétienne, a été retrouvé par M. Price et M. Jervys, qui ont exécuté celles-ci sur les dessins du chevalier Reynolds. Quand vous aurez vu Oxford, et il ne vous faut guère qu'un jour, en marchant bien, vous en consacrerez un autre pour voir Blenheim. Pour cela prenez une chaise, et partez pour Woodstock. (V. le *tableau des villes*, à l'article d'Oxford.)

Vers neuf heures, descendez à l'auberge, et faites dire au concierge de Blenheim que vous voulez voir la maison : cela ne souffrira point de difficulté, si le duc n'y est pas, et tout vous sera ouvert. Si vous tombez sur un beau jour, louez des chevaux à l'auberge, et parcourez le parc avec le garde : vous en serez enchanté. Au moins ne manquez pas de vous promener à pied dans ce qu'on appelle *the pleasure-ground*, c'est la partie du parc qui environne le château, qui est plus soignée encore, et entourée d'un petit fossé pour en éloigner les bestiaux. On y cultive beaucoup de fleurs et d'arbres précieux ; c'est comme un jardin au milieu du parc pour la promenade habituelle. Quand le duc de Marlborough est chez lui, on ne peut voir la maison qu'à trois heures de l'après-midi, pendant qu'il est à table.

Le soir, vous retournez à Oxford, où vous avez laissé votre bagage. J'oubliais de dire qu'il y a à Woodstock des manufactures de gants et d'acier, et que c'est un des endroits de l'Angleterre où on lui donne le plus beau poli.

Vous partirez de bonne heure d'Oxford pour aller à Stowe. Vous allez d'abord à Bicester, et de Bicester vous vous faites conduire à Stowe, en traversant la ville de Buckingham. Vous descendez à une petite auberge, à côté de la porte du parc, et vous envoyez chercher un jardinier pour vous promener dans les jardins. La maison n'a guère qu'une pièce intéressante ; mais les jardins passent avec raison pour les plus magnifiques de l'Angleterre.

Si vous n'avez pas envie de voir le nord de l'Angleterre, vous pourrez d'ici reprendre la route de Londres ; et, passant à Saint-Albans, vous n'omettrez pas de visiter Brockethall et Hatfield, châteaux de mylord Melbourne et de milord Salisbury. Voilà, mon cher ami, ce que j'appelle la petite tournée, et j'estime qu'elle ne doit pas vous prendre plus de seize ou dix-sept jours.

Pour rendre votre voyage plus complet, il faudrait de Stowe prendre la route de Liverpool par les comtés de Warwick et de Stafford. Vous verrez le magnifique château de Warwick, célèbre autrefois par sa force, renommé aujourd'hui pour sa beauté, et vous remarquerez dans la collégiale, qui mérite d'être visitée, un confessional d'une forme singulière. Le château de Kenilworth est une des plus magnifiques ruines qu'ait aujourd'hui l'Angleterre ; la tradition de la fête que l'on y donna à la reine Élisabeth, en 1575, a passé jusqu'à nos jours. (V. n° 8 de l'*Itinéraire*, obs. lig. 31.) Vous savez que Stratford sur l'Avon est la patrie de Shakespeare, que j'ose appeler un des plus grands génies qui aient jamais existé.

Vous arriverez à *Birmingham*, ville d'Angleterre qui réunit le plus de manufactures considérables : les principales sont celles

de boutons, d'ouvrages plaqués en argent, et de papier mâché.
Je vous annonce que depuis quelque temps il est difficile aux
étrangers d'y avoir accès, parce qu'on en a découvert plusieurs
qui avaient essayé de corrompre des ouvriers, ou de se procurer
les plans des instrumens plus perfectionnés dont ils se servent.
(*Voyez* sur *Birmingham* l'obs. loc. 5 du n° 4 de l'Itinéraire.) *Wolverhampton* a aussi de très-grandes manufactures, principalement en ouvrages de cuivre, de fer et d'étain. A *Lichfield*, vous
remarquerez dans la collégiale, qui est fort belle, une prodi-
gieuse quantité de statues de Saints, placées dans des niches
tout autour de l'église, et à qui l'on a coupé la tête : on prétend
qu'elles étaient toutes d'or et d'argent, et que c'est Cromwell
qui les a ainsi mutilées dans le temps de la révolution.

Près de *Newcastle* vous pourrez vous écarter d'une lieue de
votre route pour voir le principal établissement de manufactures de MM. Wedgewood d'ouvrages en terre cuite, espèce de
porcelaine qu'on appelle en Angleterre Queen's Ware. Passant
par *Trentham*, jetez un coup d'œil sur le beau château du marquis de Strafford, et plus près de *Chester*, observez sur votre
gauche les montagnes du pays de Galles. Le comté de *Chester*
est plein de salines, dont les plus considérables sont établies à
Nanptwich et *Northwich*. Leurs produits, ainsi que ceux des manufactures de Staffordshire, sont transportés à *Chester* et à *Liverpool* par des canaux de navigation intérieure, et en général
c'est la partie d'Angleterre qui mérite le plus d'attention, de
soins et de temps de la part des voyageurs. Nulle part il n'y a
autant d'industrie, d'activité et de génie dans le commerce. On
voit avec la plus douce satisfaction qu'une aisance et une pros-
périté générale en est la suite naturelle, et il est aisé de la remarquer dans toutes les classes d'habitans et de manufacturiers.
Les avantages politiques sont immenses. Il y a aussi près de
Northwich des mines de sel de la plus grande beauté, et où il
faut descendre pour en avoir une idée. *Liverpool* (*Voyez* le tableau des villes), le plus beau port de commerce qu'il y ait peut-
être dans le monde, sans en excepter Bordeaux, sera le terme
de vos courses dans le nord-ouest, et vous donnera une véri-
table idée du commerce intérieur de l'Angleterre, dont il ex-
porte tous les produits. Il y a aussi beaucoup de manufactures,
ainsi qu'à *Stockport* et à *Warrington*. Je vous conseille de vous
embarquer près de cette dernière ville pour gagner *Manchester*,
sur le canal construit par le duc de Bridgewater. Observez bien
ce canal : c'est un ouvrage superbe que le duc a terminé à ses frais,
pour transporter à *Liverpool* les produits de ses mines de charbon

et ceux des manufactures immenses de *Manchester*. (*V.* le tableau des villes.) Il est fort curieux aussi de visiter l'intérieur de ces mines. De *Manchester* je ne peux vous conduire plus au nord que pour voir la cathédrale de la ville d'*York*, le plus beau bâtiment gothique qu'il y ait au monde, et les jardins charmans de M. Aislabie à *Haldey* et *Hackfall;* mais je vous ramène aussitôt après dans le comté de *Derby*, le pays le plus pittoresque de l'Angleterre, et où il y a le plus d'objets pour fixer l'attention des amateurs de l'histoire naturelle. Je vous conseille d'y rester quelques jours, surtout si la saison vous favorise; et après avoir visité les principales curiosités, vous pourriez trouver moyen de connaître et d'admirer à *Chatsworth* tout ce que la nature, les grâces et la bonté ont jamais produit de plus parfait par une réunion enchanteresse. En redescendant par *Matlock*, vous arrêterez à *Keddlestone*, château de mylord Scarsdale, qui mérite votre attention, et vous verrez à *Derby* des manufactures intéressantes : les moulins à soie surtout demandent un examen particulier. Si vous n'aviez pas déjà tant vu de jardins, et que vous en eussiez le temps, vous pourriez vous détourner deux jours de votre route pour ceux de M. Porte, à *Ham*, et traverser en revenant la vallée délicieuse de *Dovedale*. Cela fait, reprenez la route de Londres. Je ne vois plus rien à vous indiquer, etc., etc.

NOTES

POUR L'ÉTRANGER QUI VISITE LONDRES (1).

Prix d'un Fiacre à l'heure.

	s. p.		s. p.
Une demi-heure seulem.	1 »	Deux heures vingt min. .	6 »
Quarante-cinq minutes. .	1 6	Deux heures quar. min.	7 »
Une heure.	2 »	Trois heures.	8 »
Une heure vingt minutes.	3 »	Trois heures vingt min.	9 »
Une heure quarante min.	4 »	Trois heures quar. min.	10 »
Deux heures.	5 »	Quatre heures.	11 »

Et ainsi de suite, en comptant 6 pence pour chaque quart d'heure de plus.

LISTE DES. PRIX DE DIFFÉRENTES COURSES.

De Leicester square à

	s. d.		s. d.
Aldersgate street. . . .	2 »	Finsbury square. . . .	3 »
Baker st., Portman sq. .	1 6	Hanover square. . . .	1 »
Bayswater.	3 »	Leadenhall street. . . .	3 »
Berkeley square. . . .	1 »	London Docks. . . .	4 »
Bishopsgate church. . .	3 »	Minories.	3 6
Blackwall.	8 »	Park Lane, Oxford str.	1 6
Bond street, Oxford st.	1 »	Parck Lane, Piccadilly.	1 »
Cavendish square. . . .	2 »	Portland place. . . .	1 6
Cheapside.	2 »	Russel square.	1 6
Chelsea college. . . .	3 »	St. Paul's church Yard.	1 6
Coburg theatre. . . .	2 »	Spitalfields church. . .	3 6
Commercial road, bout de	5 6	Surrey theatre. . . .	2 »
Cornhill.	3 »	Tottenhem Court road. .	1 »
Dulwich college. . . .	7 »	West India Docks. . .	6 6
East India Docks. . . .	7 »	Westminster abbey. . .	1 »
East India house. . . .	3 »		

---

(1) Extrait du Guide à Londres, de Lake.

De l'Amirauté à

	s. d.		s. d.
Islington church. . .	4 »	Shoreditch church. . .	4 »
India house.	3 »	Tower.	3 »
Mile End Turnpike. . .	4 6	Union street, borough. .	3 6
Ratcliff Cross.	9 6		

De la Banque à

	s. d.		s. d.
Berkeley square. . . .	3 6	Piccadilly.	3 »
Haymarket.	3 »	Pantheon, Oxford street.	3 »
Hyde Parck Corner. . .	4 »	Ratcliff Cross.	3 »
Islington church. . . .	3 »	Tyburn Turnpike. . .	4 »

De Berkeley square à

	s. d.		s. d.
Clerkenwell green. . .	3 6	Newgate.	3 »
Foundling hospital. . .	3 »	Obelisck, Fleet street. .	3 »
Guildhall.	3 6	Ratcliff Cross.	6 »
Islington church. . . .	4 »	St. Paul's, west end. . .	3 »
India house.	4 »	Shoredich church. . .	4 6
Lincoln's inn, near side. .	3 »	Tower.	4 »
Mile End Turnpike. . .	5 6	Union street, borough. .	4 »

De Clerkenwell à

	s. d.		s. d.
Hyde Park Corner. . .	4 »	Shoreditch church. . .	3 »
Mile-End Turnpike. . .	3 6	Tyburn Turnpicke. . .	3 6
Ratcliff Cross.	4 »	Union street, borough. .	3 »

De Foundling Hospital à

	s. d.		s. d.
Hyde Park Corner. . .	3 »	Shoreditch church. . .	4 »
India house.	3 »	Tower.	3 6
Mile-End Turnpike. . .	4 »	Tyburn Turnpike. . .	3 »
Ratcliff Cross.	5 6	Union street, borough. .	3 6

De Guildhall à

	s. d.		s. d.
Haymarket.	3 6	Piccadilly.	3 »
Hyde Park Corner. . .	4 »	Pantheon, Oxford street.	3 »
Islington church. . . .	3 »	Tyburn Turnpike. . .	3 6

De Hyde Parck Corner à

	s. d.		s. d.
Islington church. . . .	5 6	Newgate.	3 6
India house.	4 »	Obelisk Fleet street. .	3 »
Lincoln's inn.	3 »	Ratcliff Cross.	6 6
Mile-End Turnpike. . .	6 »	St. Paul's, west end. .	3 6

	s. d.		s. d.
Shoreditch church.	5 6	Tower.	4 6
Temple Bar.	3 »	Union street, borough.	4 6

De Islington church à

	s. d.		s. d.
India house.	3 6	Ratcliff Cross.	5 6
Licoln's inn.	3 »	Temple Bar.	3 6
Mile-End Turnpike.	4 6	Tower.	4 »
Piccadilly.	4 »	Tyburn Turnpike.	4 6
Haymarket.	4 »	Union street, borough.	4 »
Pantheon Oxford street.	3 6		

De India house à

	s. d.		s. d.
Piccadilly.	3 6	Pantheon, Oxford street.	3 6
Haymarket.	3 6	Tyburn Turnpike.	4 »

De Mile-End Turnpike à

	s. d.		s. d.
Newgate.	3 »	Pantheon, Oxfort street.	4 6
Obelisk, Fleet street.	3 »	Temple Bar.	3 »
Piccadilly.	4 6	Tyburn Turnpike.	6 »
Haymarket.	4 6	Union street, borough.	3 »

De Ratcliff Cross à

	s. d.		s. d.
St. Paul's, west end.	3 6	Tyburn Turnpike.	6 6
Shoreditch church.	3 6	Union street, borough.	3 »
Temple Bar.	4 »		

TARIF

POUR LES BATEAUX DE LOUAGE SUR LA TAMISE.

De London Bridge à l'ouest.

Bateau à deux rameurs, 6 pences. — Bateau à un rameur 3 pences.
De London Bridge à Paul's Wharf, ou Mason's Stairs.
    Allhallow Stairs à Blackfriars Bridge.
    Three Cranes à Temple, ou Old Barge House.
    Paul's Wharf à Arundel Stairs.

Blackfriars Bridge à Sommerset House, ou Cuper's Bridge.
Temple à Whitehall, ou King's Arms Stairs.
Strand Lane à Westminster Bridge.
Westminster Bridge à Lambeth Stairs, ou Horse Ferry.
Lambeth Stairs, ou Horse Ferry, au Vauxhall, ou Feathers'
Stairs.

Bateau à deux rameurs, 8 pences.—Bateau à un rameur, 4 pences,
De London Bridge à Temple, ou Old Barge House.
Three Cranes à Strand Lane, ou Surrey Stairs.
Queenhithe à Sommerset House, ou Cuper's Brid ge.
Paul's Wharf à Adelphi.
Blackfriars Bridge à Whitehall, ou Kings Arms Stairs.
Temple à Westminster Bridge.
Hungerford à Lambeth Stairs, ou Horse Ferry.
Lambeth Stairs à Nine Elms.

Bateau à deux rameurs, 1 shilling.—Bateau à un rameur, 6 pences.
De London Bridge à Westminster Bridge, ou Wooden Bridge.
Blackfriars Bridge à Lambeth Stairs, ou Horse Ferry.
Strand Lane au Wauxhall, ou Feather's Stairs.
Hungerford à Nine Elms.
Nine Elms à Chelsea Bridge.

Bateau à deux rameurs, 1 shilling 6 pences.— Bateau à un ra-
meur, 9 pences.
De London Bridge à Lambeth Stairs, ou Horse Ferry.
Allhallows au Vauxhall, ou Feather's Stairs.
Paul's Wharf à Nine Elms.
Westminster Bridge à Chelsea Bridge.

Bateau à deux rameurs, 2 shillings. — Bateau à un rameur, 1
shilling.
De London Bridge à Nine Elms.
Temple à Chelsea Bridge.

Bateau à deux rameurs, 2 s. 6 d.— Bateau à un rameur, 1 s. 3 d.
De London Bridge à Chelsea Bridge.

De London Bridge.

	Pour une soc.		Par pers.	
A Chelsea Bridge.	2	6	»	4
A Wandsworth.	3	»	»	6
A Putney, Fulham, ou Bar Elms. . . .	4	»	»	8
A Hammersmith, ou Chiswick.	5	»	»	9
A Barnes, ou Morlake.	6	»	1	»
A Brentford.	7	»	1	3
A Richmond.	8	»	1	3
A Twickenham, ou Tide-End Town. . .	9	»	1	6
A Kingtson.	10	6	1	6
A Hampton Court, ou Hampton Town. .	12	»	1	9
A Sunbury, ou Walton upon Thames. .	13	»	1	9
A Shepperton, Weybridge, Chertsey et Layl-ham.	15	»	2	»
A Staines.	18	»	2	6
A Datchet, ou Windsor.	21	»	3	»

De London Bridge à l'est.

Bateau à deux rameurs, 6 pences. — Bateau à un rameur, 3 pences.
De London Bridge à St-Catherine's, ou George's Stairs.
    Somer's Quay à Union Stairs, ou East Lane Stairs.
    Iron Gate à Wapping New Stairs, Rotherhithe Stairs, ou King Stairs.
    Hermitage Stairs à Church Stairs, King Edward Stairs, ou Hanover Stairs.
    Wapping Old Stairs à New Grane Stairs, ou King James's Stairs.
    Wapping New Stairs à Shadvell Dock Stairs.
    Execution Dock à Bell Wharf, ou King and Queen Stairs.
    Church Stairs à Great Stone Stairs.
    New Crane Stairs à Ratcliff Cross, ou Globe Stairs.
    Sadwell Dock Stairs à Duke Shore Stairs, ou Pageants.

Bateau à deux rameurs, 8 pences. — Bateau à un rameur, 4 pences.
De London Bridge à Union Stairs, ou East Lane Stairs.
    Somer's Quay Stairs à Wapping Old Stairs, ou Fountain Stairs.

Tower Stairs à Wapping New Stairs, ou Rotherhite Stairs, ou Kings Stairs.

Iron Gate à Execution Dock, ou Prince's Stairs, ou Elephant Stairs.

St-Catherine's à Church Stairs, King Edward's Stairs, ou Hanover Stairs.

Hermitage Stairs à New Crane Stairs, ou King James's Stairs.

Union Stairs à Shadwell Dock Stairs.

Wapping Old Stairs à Bell Wharf, ou King and Queen Stairs.

Wapping New Stairs à Ratcliff Cross, ou Globe Stairs.

New Crane Stairs à Duke Shore Stairs, ou Pageants.

Hôtels, Restaurateurs, Cafés.

Grillion's Hotel, dans Albemarle street; *Grillion's Coburg Hotel*, Charles street, Grosvenor square. Ces hôtels sont montés sur un très-grand pied; aussi sont-ils plus chers que beaucoup d'autres.

L'*Hôtel de Jaunay*, Leicester square, qui était autrefois tenu par Brunet, est agréablement situé dans le voisinage des principaux théâtres, des parcs, etc., et est très-fréquenté par les étrangers. Il y a un grand café et des salles particulières, et on peut y dîner parfaitement à l'anglaise ou à la française.

L'*Hôtel de la Sablonnière*, tenu par Pagliano, dans Leicester square.

L'*Hôtel du Prince-de-Galles*, dans Leicester place, est aussi une très-bonne maison.

Hôtel Tournier, dans Little Martin's street.

Hôtel Dubourg, café et restaurateur, dans Haymarket, n° 63.

Hôtel de Paris, café, restaurateur et confiseur; dans Haymarket, n° 58.

Tavislock Hotel et café, dans Covent-garden.

British Hotel et café, dans Cockspur street.

Giraud, restaurateur, dans Castle street Leicester square.

Dans la Cité.

Castle and Falcon Hotel et café, Aldersgale street.

Globe Hotel, Fleet street.

New London Hotel, Bridge street, Blackfriars.

Anderson's Hotel et café, Fleet street.

Dans les cafés on donne aussi du vin et tout ce qu'on trou v dans les cafés de Paris. Les prix suivans pourront servi r

guide au voyageur. Pour un déjeuner avec du thé, on paie de
1 s. 6 d. à 3 s.; pour un dîner, de 3 à 14 s.; pour un lit, de
2 s. 6 d. à 5 s.; pour un lit de domestique, de 1 s. 6 d. à 2 s.

Il est d'usage de donner au garçon qui sert dans le café, 1
shilling ou 1 shilling 6 pences par jour, et à la fille de chambre
1 shilling par jour.

Lorsque l'étranger a avec lui des dames, il faut qu'il ait dans
l'hôtel un salon particulier, ce qui augmentera la dépense de 2
ou 3 shillings par jour; car ce n'est par l'habitude en Angleterre
de voir, comme en France et dans d'autres pays, des dames
dans un café ou chez un restaurateur.

Dans les hôtels du premier ordre, on fait payer, pour une
chambre à coucher et un salon, depuis 10 shillings jusqu'à 21
par jour, et pour chaque chambre à coucher en sus, de 4 à 5
shillings. Les prix pour les déjeuners, dîners, etc., sont aussi
plus chers dans cette proportion.

Pensions bourgeoises (Boarding houses).

Indépendamment des auberges (*inns*), des hôtels et des cafés
où on loge, et parmi lesquels on peut choisir, il existe encore
des *Boarding houses*, ou maisons où l'on se met en pension pour
la table et le logement, ou pour l'un des deux séparément. En
général on peut, dans ces maisons, avoir la table et un lit pour
2 l. 2 s. à 8 l. 4 ou 6 s. par semaine. Voici la liste des principales :

Adairks Boarding house, Cecil street, n° 11, Strand.
Anthony's B. H., great Coram street, n° 52.
Miss Badger's B. H., Essex street, n° 21, Strand.
MM. Barry's B. H., Henrietta street, Brunswick square.
Bentley's B. H., great Coram street, n° 53.
MM. Bishop's B. H., Sloane street, n° 131.
Catland's B. H., Surrey street, n° 26, Strand.
MM. Collret's B. H., Surrey street, n° 28, Strand.

Tavernes (Taverns).

Voici la liste des principales tavernes de Londres. Une taverne
est en même temps un café, un restaurateur, et un lieu de réunion où l'on fait des repas de corps, de famille, etc.

British tavern, Cockspur street.
Crown and Anchor T., Strand.
Freemasons T., Great-Queen street, Lincoln's-Inns Fields.

Grand's T., Corner of King street, Covent Garden.
Halchett's T., Piccadilly.

Bateaux à vapeur (Steam Boats.)

Pour Gravesend, départ deux ou trois fois par jour de Tower Stairs.

Pour Richmond, tous les matins de Queenhithe.

D'autres véritables paquebots à vapeur (steam packet boats) servent à des voyages de plus long cours.

Pour Calais, partant quatre fois par semaine de Tower Stairs.

Ostende, deux fois par semaine de Tower Stairs.

Edimbourg, deux fois par semaine de Blackwall.

Southend, deux ou trois fois par semaine de Tower Stairs.

Ramsgate, tous les matins de la Douane.

Margate, deux ou trois bateaux par jour de la Douane.

Hull, deux fois par semaine de Tower Stairs.

Le prix varie selon la distance : on peut savoir tous les détails sur le prix, l'heure du départ, etc., aux bureaux des paquebots près de la Douane et à Exeter Change.

TABLE.

Comme le prix des chevaux de poste varie en Angleterre, et se paie d'après la valeur des grains, la différence peut être depuis 1 schilling jusqu'à 1 schilling 9 pences.

VOICI LA TABLE DU PRIX VARIABLE POUR 2 CHEVAUX.

Milles (1).	s.	d.	s.	d.	s.	d.	s.	d.	s.	d.	s.	d.	s.	d.	s.	d.
	1	»	1	1	1	2	1	3	1	4	1	5	1	6	1	9
6	6	»	6	6	7	»	7	6	8	»	8	6	9	»	10	6
7	7	»	7	7	8	2	8	9	9	4	9	11	10	6	12	3
8	8	»	8	8	9	4	10	»	10	8	11	4	12	»	14	»
9	9	»	9	9	10	6	11	3	12	»	12	9	13	6	15	9
10	10	»	10	10	11	8	12	6	13	4	14	2	15	»	17	6
11	11	»	11	11	12	10	13	9	14	8	15	7	16	6	19	3
12	12	»	13	»	14	»	15	»	16	»	17	»	18	»	21	»
13	13	»	14	1	15	2	16	3	17	4	18	5	19	6	22	9
14	14	»	15	2	16	4	17	6	18	8	19	10	21	»	24	6
15	15	»	16	3	17	6	18	9	20	»	21	3	22	6	26	3
16	16	»	17	4	18	8	20	»	21	4	22	8	24	»	28	»
17	17	»	18	5	19	10	21	3	22	8	24	1	25	6	29	9
18	18	»	19	6	21	»	22	6	24	»	25	6	27	»	31	6
19	19	»	20	7	22	2	23	9	25	4	26	11	28	6	33	3
20	20	»	21	8	23	4	25	»	26		28	4	30	»	35	»

On donne ordinairement au postillon 3 pences par mille.

Nota. s est pour schilling et *d* pour pence.

---

(1) Le mille anglais vaut 1/3 de lieue française.

GUIDE

DU VOYAGEUR

En Angleterre.

N⁰ 1.   DE **LONDRES** A **ABERDEEN.**

1ʳᵉ route par **Ware, Tuxford, Boroughbridge, Edimbourg** et **Forfar,** 517 milles ¾.

De Shoreditch church à Tottenham High-Cross, 4 m. ¹/₂.

1	Edmonton	7	7	Greetham (b)	92 ⁵/₄
2	Enfield Hingh-Way	9 ¹/₂		Stoke-Cottages	98
3	Waltham-Cross	11 ¹/₄	8	Grantham (c)	106 ¹/₂
	Cheshunt	13 ¹/₂		Foston	112
4	Hoddesdon	17	9	Newark	120 ⁵/₄
	Amwell	19 ¹/₄		Carlton	126 ⁵/₄
	Ware	20 ⁵/₄		Scarthing moor inn	131 ¹/₂
	Wade's mill	22 ⁵/₄		Tuxford	133 ⁵/₄
	Puckerige	26 ⁵/₄	10	Retford (est)	140 ⁵/₄
	Buntingford	31 ¹/₄		Barnby moor inn	143 ⁵/₄
	Royston	37 ⁵/₄		Bawtry	149 ¹/₄
	Arrington	44 ¹/₄	11	Doncaster	158
	Caxton	49 ¹/₄		Ferrybridge	173 ¹/₄
5	Huntingdon	58 ⁵/₄		Abberford	182 ¹/₂
	Alcombury-Hill	64		Wetherby	190
	Stilton	71	12	Boroughbridge	202
	Norman's-Cross (a)	72		Dishforth	206
	Wandsford	79 ¹/₂	13	North Allerton	220
6	St amford	85 ¹/₂		Smeaton	227

	Croft	232 ¹/₂		Musselburgh	385 ³/₄
14	Darlington (d)	236 ³/₄		Porto-Bello	388 ¹/₄
	Aycliffe	242	22	Leith	391
	Rushy Ford	245 ¹/₄	23	Edimburg *	393
	Butcher-Race	250 ¹/₂		South Queen's Ferry	400 ³/₄
15	Durham	255 ¹/₂		Inverkeithing	404 ¹/₄
	Chester-le-Street	260 ¹/₄		Blair-Adam-Inn	414
	Gateshead	269 ¹/₄	24	Kinross	418 ¹/₄
16	Newcastle - Upon-			Damhead-Bridge	424 ¹/₄
	Tyne	269 ³/₄	25	Perth	434 ³/₄
17	Morpeth (e)	285		Cupar-Of-Angus	447 ¹/₄
18	Alnwick	304	26	Forfar	465
	Belford	318 ³/₄		Brechine	477 ¹/₂
19	Berwick (f)	334		Lawrence-Kirk	489
	Renton inn	345 ¹/₂		Stoneheaven	502 ³/₄
20	Dunbar	363 ¹/₄	27	Aberdeen	517 ³/₄
21	Haddington	374 ¹/₂			

CONTINUATIONS.

(a) *Norman's-Cross à Yaxley* (comté de Hunt), ¹/₂ m.
(b) *Greetham à Corby* (Lincoln), 9 m. ¹/₂.
(c) *Grantham à Bingham* (Nottingham) 14 m.
(d) *Darlington à Bishop's Aukland* (Durham), 13 m.
(e) *Morpeth à Rothbury* (Northumberland), 15 m.
(f) *Berwick à Eyemouth* (Berwick), 9 m.
(f) *Berwick à Dunse*, (Berwick), 15 m.

1. EDMONTON, jolie petite ville. Pop. 7,900 h.

2. ENFIELD, dans Middlesex. *Curiosités :* un ancien palais et l'église. Pop. 8,227 h.

3. WALTHAM-CROSS, dans Hertford. *Commerce :* épingles, toiles peintes et poudre. *Hôtels :* the Four Swans (les Quatre-Cygnes), the Falcon (le Faucon). Pop. 2,097 h.

4. HODDESDON, sur la Léa, à 3 m. est Hunsdon-House, qui fut la résidence de Mary, d'Élisabeth et d'Édouard VI. *Curiosité :* l'église. *Hôtels :* the Bull, (le Bœuf), the Black Lion (le Lion-Noir). Pop. 1,364 h.

5. HUNTINGDON, sur l'Ouse. *Curiosités :* l'église de Sainte-Marie et celle de tous les Saints, le marché, la maison-de-ville et la

---

(*) Les astérisques indiquent que l'endroit est traité dans une autre partie de l'ouvrage.

prairie où se font les courses. C'est la patrie d'Olivier Cromwell. *Hôtels :* the Fountain (la Fontaine), the Crown (la Couronne). Pop. 2,806 h.

6. STAMFORD, sur la Welland, est une ville très-ancienne, mais peu remarquable par ses monumens, si nous exceptons l'église Saint-Martin, la maison-de-ville et le théâtre. *Commerce :* drèche, charbon, pierre, etc. *Hôtels :* the George (le George) the Angel (l'Ange), the Swan (le Cygne). Pop. 5,050 h.

7. GREETHAM, dans Rutland, petite ville peu importante; mais à 6 milles de là est le village de Woolsthorpe, où l'on voit la maison dans laquelle naquit Newton : ce fut dans cette place qu'une pomme, lui tombant sur la figure, lui suggéra son système de gravitation.

8. GRANTHAM, dans Lincoln, sur le Witham, rivière. *Curiosités :* l'église et la maison-de-ville. *Hôtels :* the George (le George), the Angel (l'Ange.) Pop. 4,148 h.

9. NEWARK, dans Nottingham, sur la Trent, rivière, ville jolie et bien bâtie. *Curiosités :* les ruines du château dans lequel le roi Jean expira, l'église, la maison-de-ville et la chaussée qui traverse le Val de Trent. *Commerce* considérable en coton, blé, charbon, laine, etc. *Hôtels :* the Kingston-Arms (les armes de Kingston), the Ram (le Belier). Pop. 8,084 h.

10. EAST-RETFORD, dans Nottingham, sur l'Idle, rivière. Commerce considérable en papier, chapeaux, toile à voile, mèches à chandelle. *Hôtels :* the Crown (la Couronne), the White-Hart (le Cerf-Blanc). Pop. 2,467 h.

11. DONCASTER, dans York, sur la rivière de la Don, est une des plus jolies petites villes du nord de l'Angleterre. *Cur. :* la maison-de-ville, l'église Saint-George, et le théâtre, très-fréquenté pendant les courses qui se tiennent dans cette ville vers la fin de septembre. *Hôtels :* the Angel (l'Ange), the Rein-Deer (la Renne), the Red Lion, (le Lion-Rouge). Pop. 9,117 h.

12. BOROUGHBRIDGE, dans York, sur la rivière de l'Ure, ville bien bâtie. Commerce considérable en quincaillerie. *Hôtels :* the Greyhounds (les Lévriers). Pop. 860 h.

13. NORTHALLERTON, sur une éminence. *Cur. :* la place du Marché, l'église et la prison. *Hôtels :* the Golden Lion (le Lion-d'Or), the King's Head (la Tête-du-Roi). Pop. 4,431 h.

14. DARLINGTON, dans Durham, sur la Skern, rivière. *Cur. :* le pont, l'église, etc. *Comm. :* étoffes de laine et fil, cuirs, chanvre, etc. *Hôtels :* the Talbot (le Talbot), the King's Head (la Tête-du-Roi). Pop. 6,551 h.

15. DURHAM, capitale du comté, offre un coup d'œil étonnant

par sa situation sur une éminence rocheuse, entourée par la Weare, rivière. *Cur.* : la cathédrale, fondée en 1093 ; le château, la promenade, la nouvelle prison, les restes de l'abbaye de Fin-chall et la maison-de-ville. *Hôtels* : the Green Dragon (le Dragon-Vert), the Quen's head (la Tête-de-la-Reine). Popul. 9,822 hab.

16. NEWCASTLE-UPON-TYNE, dans Northumberland, sur la Tyne, grande et bien bâtie. Commerce considérable en charbon, plomb, sel, suif, beurre, saumons, etc. *Cur.* : la bourse, l'hôtel-de-ville, le nouveau palais de justice ; le pont sur la Tyne, construit en 1781 ; l'église Saint-Nicolas, celle de Saint-Jean, de tous les Saints ; l'hôpital de Keelmen, la maison du maire, la promenade nommée the Firth et les bains. *Hôtels* : the Crown, and Thistle (la Couronne et le Chardon), the Cock (le Coq), the Shakspear, the Quen's head. Pop. 35,181 h.

17. MORPETH, dans Northumberland, sur le Wansbeek, rivière. C'est un des plus forts marchés d'Angleterre pour les bestiaux. Cette ville offre peu de beautés. *Hôtels* : the Quen's Head (la Tête-de-la-Reine), the Phenix (le Phénix). Populat. 4,292 habitans.

18. ALNWICK, dans le Northumberland, sur l'Alne, rivière. *Curios.* : le château, qu'on dit être fondé par les Romains, servant maintenant de résidence au duc de Northumberland. *Hôtel* : the White-Swan (le Cygne-Blanc). Pop. 5,927 h.

19. BERWICK-UPON-TWEED, sur la Tweed. Cette place est très-forte, et joua un grand rôle pendant les guerres entre les Anglais et les Écossais ; elle jouit d'une juridiction particulière. *Comm.* : une pêcherie considérable pour le saumon ; laines, blé, œufs, tapis, toiles, etc. *Cur.* : la maison-de-ville, le pont sur la Tweed, bâti sous Jacques Ier ; l'église et les ruines du château. *Hôtels* : the King's arms (les Armes-du-Roi), the Red Lion (le Lion-Rouge), the Hen and Chickens (la Poule et les Poulets). Pop. 8,723 h.

20. DUNBAR, dans Haddington, petit port de mer. Commerce assez important. C'est là qu'en 1650, Cromwell obtint une victoire éclatante sur les Écossais. *Hôtels* : the New Inn (la Nouvelle-Auberge), Saint-Andrew. Pop. 5,272 h.

21. HADDINGTON, capitale du comté, remarquable seulement par la naissance de Jean Knox, dont on voit encore la maison. *Cur.* : les ruines de l'abbaye, et à un mille de la ville, l'habitation du comte de Wemyss, citée pour sa galerie et son parc. *Hôtels* : the Bell (la Cloche), the Star (l'Étoile), the George and Dragon (le George et le Dragon). Pop. 5,255 h.

22. LEITH , à l'embouchure de la rivière du même nom , sert de port de mer à Édimbourg. Cette ville est bien bâtie et très-commerçante. *Curiosités :* les chantiers et le bassin capable de contenir plus de 150 vaisseaux ; la maison de la Trinité (Trinity house), fondée en 1817 ; la banque, en 1806 ; la bourse , la douane (Custom house) ; les bains, etc. *Hôtels :* the King's arms (les Armes-du-Roi), the Britannia (la Bretagne). Popul. 26,000 h.

23. ÉDIMBOURG est remarquable par son élévation et la singularité de sa position, étant bâtie sur trois collines. La chaîne du centre renferme la vieille ville, et est bornée par un rocher immense sur lequel est situé le château ; vers le nord est cette partie nommée la nouvelle ville , qui communique à l'ancienne par une chaussée en terre rapportée, mais qui forme maintenant une masse solide. Ce travail important fut commencé en 1783.

Les objets dignes de remarque sont, le château qui contient la maison du gouverneur, l'arsenal, une chapelle ; l'appartement où naquit Jacques Ier, roi d'Angleterre, et dans lequel il déposa le sceptre d'Écosse ; le palais de Holyrood et les appartemens de l'infortunée Marie ; les ruines de l'abbaye de Holyrood et la chapelle royale, proche laquelle est l'éminence appelée Arthur's seat (demeure d'Arthur), élevée de 800 pieds au-dessus du niveau de la mer ; the parliament house (maison du parlement), the register office (archives), the New County hall, qui est une imitation du temple d'Érectheus, dans l'Acropolis d'Athènes ; la bourse au nord de High street, la banque d'Écosse, la banque royale ; l'université, contenant une bibliothèque de plus de 50,000 volumes, et un musée d'histoire naturelle ouvert au public ; l'observatoire, sur le sommet de Calton-Hill ; l'école royale de médecine ; le théâtre ; la colonne de lord Melville, dans Saint-Andrew square (place Saint-André) ; la nouvelle prison ; le monument de Nelson, sur Calton-Hill ; les ponts du nord, du sud et du Régent méritent l'attention du voyageur.

Édimbourg renferme 64 édifices destinés au culte ; un des plus remarquables est l'église Saint-Gilles, formant le côté nord de la place du parlement ; la vieille église sous le nom de la Grande-Tour. Les autres édifices dignes de remarque sont l'église Saint-George, à l'ouest de la place Charlotte ; l'église du collége de la Trinité, et celle de Saint-André, dans la rue George.

Dans les cimetières de ces diverses églises on voit les monumens de beaucoup d'hommes qui ont illustré l'Angleterre.

Parmi la foule d'objets dignes de fixer l'attention du voyageur, et que notre cadre ne nous permet pas de citer, nous lui recommandons de visiter les hospices et les établissemens de charité ; la bibliothèque des avocats dans la maison du parlement, qui contient plus de 100,000 volumes imprimés, et beaucoup de manuscrits.

Le voyageur ami des scènes de la nature visitera avec un grand plaisir les promenades et les sites qui environnent Édimbourg, qui lui présenteront partout des vues charmantes et une perspective très-étendue.

Hôtels : Royal hotel, dans Prince street (rue du Prince) ; London hotel, au sud de la rue Saint-André ; Union hotel, place Saint-André ; Black - Bull (Taureau-Noir), rue Catherine, et du Commerce, dans Nicolson street. Pop. 138,235 h.

24. KINROSS, sur le Lock-Leven, est une petite ville qui présente des sites magnifiques à l'œil du voyageur ; c'est près de ses murs qu'on voit le château où fut emprisonnée Marie, reine d'Écosse. *Hôtel :* le Lion. Pop. 2,563 h.

25. PERTH, sur la rivière du même nom, traversée par un beau pont. La ville est en général belle, et dans une situation romantique. Son commerce très-étendu en toile, papiers, coton, et une pêche considérable de saumon. Perth a souvent été la résidence des rois d'Écosse. *Curios.* : l'église, la chapelle épiscopale, la maison-de-ville et le théâtre. *Hôtels :* the George (le George), the Star (l'Étoile), the Salutation (la Salutation). Pop. 19,068 h.

Entre cette ville et Fonfar la route longe la chaîne des collines de Lidlaw, qui offrent des scènes charmantes : sur une de leurs sommités on voit le château de Macbeth, et celui de Clamis, où Malcolm II fut assassiné.

26. FONFAR, ancienne ville très - commerçante. *Curios.* la maison - de - ville, plusieurs églises et ses ruines. *Hôtels :* the Cross-Keys, the New Inn. Pop. 5,897.

27 ABERDEEN. Cette ville est divisée en deux parties, l'une nommée la vieille et l'autre la nouvelle ; le vieil Aberdeen est sur le Don, rivière, proche son embouchure. Les objets dignes d'attention sont les restes de la cathédrale, la maison-de-ville, l'université et sa bibliothèque contenant plus de 13,000 vol.

Le Nouvel Aberdeen est un port de mer situé sur une éminence entre le Don et la Dee, rivières à l'embouchure desquelles est le port qui est vaste et commode. Commerce considérable en grains, poisson, fil, bonneterie, coton, toile, etc. : elle renferme beaucoup de manufactures, brasseries et fonderies. *Curiosités :* l'église de l'est et de l'ouest ; la chapelle Saint-André ; l'université et sa bibliothèque contenant plus de 10,000 vol.; l'observatoire et le musée; la maison-de-ville, dans laquelle on voit un instrument pour infliger la peine capitale, qui ressemble beaucoup à une guillotine; la maison de correction ouverte en 1809, et le nouveau pont. *Hôtels :* the New-Inn (Nouvelle-Auberge), Dempster's hotel (hôtel Dempster), the Lemon tree (le Citronnier). Pop. 44,976 h.

N° 2. DE LONDRES A ABERDEEN.

2e route, par Bouroughbridge, Coldstream, Edimbourg et Dundee, 508 m. $\frac{1}{4}$.

	De l'église de Shoreditch			Leith * (*V*. n° 1)	382
	à Morpeth*(*V*. n°1)	285		Par le Golfe de
	Longhorsley	291 ¹/₄		Forth à Kinghorn	389 ¹/₄
	Whittingham	304 ¹/₄	3	Kirkcaldy	392 ⁵/₄
	Wooler-Haugh-Head	314 ¹/₂		Plaisterers	399 ¹/₄
1	Wooler	316 ⁷/₄		Falkland	404 ¹/₄
	Cornhill	328 ⁵/₄		Abernethy	413 ¹/₄
	Coldstream	330 ¹/₂		Perth * (*V*. n° 1)	420
	Grernlaw	340 ¹/₂		Inchture	433 ¹/₂
	Whiteburn	348	4	Dundee	441 ⁵/₄
	Norton Inn	352 ¹/₄		Arbroath	458 ¹/₂
	Falla	365 ¹/₄	5	Montrose	471 ¹/₂
2	Dalkeith	373		Inverbervie	484 ¹/₂
	Edimbourg*(*Voyez*			Stonehaven	493 ¹/₄
	n° 1)	379 ⁵/₄		Aberdeen * (*V*. n° 1)	508 ¹/₄

1. WOOLER, dans Northumberland, sur la Till, rivière, jolie petite ville très-fréquentée par les personnes malades qui y vont prendre le lait de chèvre et le petit lait très-estimé. *Hôtel :* the George. Pop. 1,830 h.

2. DALKEITH, dans Mid-Lothian, est remarquable pour son marché aux grains. *Curiosités :* le palais qui fut occupé par George IV, en 1822. *Hôtel :* the White-Hart (le Cerf-Blanc). Pop. 5,169 h.

3. KIRKCALDY, dans Fifeshire, jolie petit port. Commerce considérable en blé, charbon, chanvre, etc. *Curiosité :* la maison-de-ville. C'est la patrie d'Adam Smith, auteur de la *Richesse des Nations. Hôtel:* the New-Inn (Nouvelle-Auberge). Pop. 4,452 h.

4. Dundee, dans Anguss, bon port de mer, avec manufactures de toiles, cuirs, chapeaux, etc. *Curiosités :* la maison-de-ville, l'église neuve, la tour bâtie dans le 12e siècle. C'est la patrie de Bœthius, historien, et de lord Duncan, amiral. *Hôtel :* the Merchent' (des Marchands). Pop. 30,575 h.

5. Montrose, dans Anguss, agréablement située, avec un joli port très-fréquenté. *Commerce :* tannerie, cordes, toile, fil et pêcherie de saumon. C'est dans ce port que le prétendant s'embarqua en 1716. *Hôtels :* the Star (l'Étoile), the Ship (le Vaisseau). Pop. 10,338 h.

Aberdeen. *V.* n° 1.

CONTINUATION.

De *Coldstream* à *Kelso*, 9 m.

Kelso, dans Roxburgh, sur la Tweed, jolie petite ville. *Curiosités :* le pont, la maison-de-ville, les restes de l'abbaye et ses alentours. *Hôtel :* the Cross-Keys. Pop. 4,860 h.

No 3.   DE **LONDRES** a **ABERYSTWITH.**

1re route, par High-Wycombe, Worcester et Radnor, 207 m. $\frac{1}{2}$.

De Tyburn-Turnpike à Oxford*, 54 m. ¹/₄ (*V.* n° 31).

Worcester * (*Voy.*		New Radnor	159
n° 34)	111 ¹/₂	Penybont	168
Bromyard	125 ¹/₂	Rhayader	178
1 Leominster	137 ¹/₄	Cwm-Ystwith	189 ¹/₄
Mortimer's-Cross	143 ¹/₂	2 Devil's Bridge	194 ¹/₂
Presteign	151 ¹/₂	3 Aberystwith	207 ¹/₂

1. Leominster, dans Hereford, ville gothique, mais dans une agréable situation dans une vallée arrosée par le Lugg, rivière. Commerce considérable en chapeaux, laine, cidre, froment, etc. *Curiosités :* l'église, la maison-de-ville, la maison du marché, la prison. *Hôtels :* the Crown (la Couroune), the King's-Arms. Pop. 4,646 h.

2. Devil's Bridge, dans Cardigan, situation des plus singulières et des plus romantiques, digne de la curiosité du voyageur.

3. ABERYSTWITH, dans Cardigan, jolie ville à l'embouchure de la Rheidol, rivière, très-fréquentée pour les bains de mer. *Commerce :* pêche de hareng, blé, plomb, écorce de chêne, beurre, etc. *Curiosités :* la maison-de-ville, le pont, la place du marché, les ruines du château érigé par Edouard I, et les promenades délicieuses. *Hôtel :* the Talbot (le Talbot). Pop. 3,556 h.

CONTINUATION.

De *Presteign* à *Knighton*, 7 m.

KNIGHTON, dans Radnor, sur la Teme, rivière, ville très-ancienne et peu importante. *Curiosité :* l'église. *Hôtel :* the Duke's arms (les Armes-du-Duc). Pop. 1,000 h.

N° 4. DE LONDRES A ABERYSTWITH.

2e route, par Gloucester et Hereford, 209 m. ¼.

De Tyburn-Turnpike à Ross*, 119 m. ¹/₂ (*V.* n° 31).

Callow	130	Stanner	156 ¹/₂
1 Hereford	133 ³/₄	New Radnor	160 ¹/₄
Creden-hill	138 ³/₄	Aberystwith* (*Voy.*	
Sarnsfield	145	n° 3)	209 ¹/₄
2 Kington	154		

1. HEREFORD, capitale du comté de ce nom, sur la Wye, rivière. *Commerce :* gants, chapeaux, flanelle et cidre. *Curiosités :* la cathédrale érigée sous Guillaume Ier, la nouvelle cour de justice, le collége, le théâtre, l'hôtel de l'Ange, dans *Wide-Marsh street*, où naquit Garrick ; les ruines du monastère des Frères Noirs ; la course aux chevaux, etc. *Hôtels :* the City-Arms (les Armes-de-la-Ville), the Green-Dragon (le Dragon-Vert). Pop. 9,090 h.

2. KINGTON, dans Hereford, sur l'Arrow, rivière, et sur le canal du même nom. Commerce considérable en draps. *Hôtel :* the King's-Head (la Tête-du-Roi). Pop. 2,000 h.

N° 5.   DE LONDRES A APPLEBY.

1re route, par Stamford, Worksop et Boroughbridge.

*De Londres à Appleby**, 271 m. $\frac{3}{4}$ (*V*. n° 82).

N° 6.   DE LONDRES A APPLEBY.

2e route, par Leicester, Manchester et Kendal, 286 m.

De Hicks's Hall à Kendal* (*V*. n° 83)	262 $^1/_2$	Orton	276 $^1/_2$
		Appleby *	286

N° 7.   DE LONDRES A APPLEBY.

3e route, par Hatfield, Doncaster, Leybourn et Kirby=Stephen, 281 m. $\frac{1}{4}$.

De Hicks's Hall à York Gate* (*V*. n° 82)	215	Askrigg (*a*)	248 $^1/_2$
Masham	225	2 Kirby-Stephen	268 $^1/_4$
Cover-bridge	233 $^1/_4$	Brough *	273
1 Leybourn	237	Appleby *	281 $^1/_4$

CONTINUATION.

(*a*) D'*Askrigg* à *Hawes*, dans York, 5 m.

1. LEYBOURN, jolie petite ville entourée de promenades charmantes. *Hôtel :* the King's-Arms. Pop. 1,000 h.

(*a*) *Askrigg*, dans une délicieuse position ; c'est près de cette petite ville que se trouvent les fameuses chutes de l'*Eure*, la plus renommée est celle de *Steaning*. *Hôtel :* the Angel (l'Ange). Pop. 800 h.

2. KIRBY-STEPHEN, dans Westmorland, sur l'Eden, rivière, et au milieu d'une jolie plaine. *Commerce :* bas et bestiaux. *Curiosités :* l'église et les collines qui entourent la ville. *Hôtel :* the King's-Head (la Tête-du-Roi). Pop. 1,312 h.

No 8.   DE **LONDRES** A ARUNDEL.

1re route, par Dorking et Pulborough, 55 m.

De Westminster Bridge		Dorking	23 $^1/_4$
à Upper Tooting	5 $^1/_2$	2 Ockley	3o $^1/_2$
Cheam	10 $^1/_4$	Billinghurst	41
Ewell	13	Pulborough	46 $^1/_4$
1 Epsom	14 $^1/_2$	Houghton-Hill	52 $^5/_8$
Ashtead	16 $^5/_4$	3 Arundel	55
Leatherhead	18 $^1/_2$		

De *Arundel* à *Bognor* * (Sussex), 9 m. $^5/_4$.

1. EPSOM, dans Surrey, était autrefois célèbre pour ses sources minérales, et n'est renommée aujourd'hui que pour les courses qui s'y tiennent annuellement. *Hôtel :* the King's-Head (la Tète-du-Roi). Pop. 2,890 h.

2. OCKLEY, dans Surrey, sur une éminence d'où l'on jouit de la plus belle perspective. *Curiosité :* l'église. *Hôtel :* the King's-Arms (les Armes-du-Roi). Pop. 3,400 h.

3. ARUNDEL, dans Sussex, sur l'Arun. *Curiosités :* l'église, le château, l'habitation du duc de Norfolk. *Hôtel :* the Norfolk's-Arms (les Armes-de-Norfolk). Pop. 2,511 h.

De *Arundel* au *Petit-Hampton*, ville peu importante, 4 m.

N° 9.   DE **LONDRES** A ARUNDEL.

2e route, par Guildford et Petworth, 6o m. $\frac{1}{2}$.

De Stones-End Bo-		Ripley	23 $^1/_2$
rough à Wands-		2 Guildford (*b*)	29 $^1/_4$
worth (*a*)	5 $^1/_2$	3 Godalming	33 $^1/_2$
1 Kingston	11 $^1/_2$	4 Petworth	49
Esher	15 $^5/_4$	Arundel * (*V*. n° 8)	6o $^1/_2$
Cobham street	19 $^1/_4$		

(*a*) De *Wandsworth* à *Wimbledon* (Surrey), 1 m. $^5/_4$.
(*b*) De *Guildford* à *Farnham* *, 10 $^1/_4$.

1. KINGSTON, dans Surrey, sur la Tamise, ville assez jolie. *Curios. :* la maison-de-ville, le palais de justice et l'église. *Hôtels :* the Castle, the Bull (le Taureau). Pop. 6,090 h.

2. GUILDFORD, sur la Wey, rivière, capitale du comté de Surrey. *Commerce :* blé et bois de construction. *Curios. :* l'église de la Trinité, Abbot's hospital ; la maison du marché, construite en 1819 ; la maison-de-ville, les églises Sainte-Marie et Saint-Nicolas. *Hôtels :* the White-Hart (le Cerf-Blanc), the Crown (la Couronne). Pop. 3,161 h.

3. GODALMING, dans Surrey, sur la Wey, rivière qui est navigable jusqu'à la Tamise. *Curiosité :* l'église. *Hôtel :* the King's-Arms (les Armes-du-Roi). Pop. 4,098 h.

4. PETWORTH, dans Sussex, sur un des bras de l'Arun, rivière, ville assez jolie. *Curiosités :* l'église, le marché ; *Petworthhouse,* château du comte d'Egremont, et le parc. *Hôtels :* the Half-Moon (Demi-Lune), the Swan. Pop. 2,781 h.

Nº 10. DE LONDRES A AYLESBURY, par Watford.

De *Londres* à *Aylesbury* *, 39 m. (*V.* nº 19).
De *Aylesbury* à *Bicester*, 16 ¼.

Bicester, dans Oxford, est une ville très-ancienne, renommée pour sa liqueur. *Curiosité :* l'église. *Hôtel :* the King's-Arms. Pop. 2,544 h.

Nº 11.   DE LONDRES A BARNSTAPLE,
par Staines, Basingstoke, Andover et Taunton, 196 m.

De Hyde Parck Corner à				
1	Brentford	7 ½		Amesbury (*b*)	78
	Hounslow (*a*)	9 ½		Deptford-Inn	87
	Bedfont	13	5	Hindon	94 ½
2	Staines	16 ½		Mere	101 ¼
3	Egham	17 ¾		VVincaunton (*c*)	108 ½
	Bagshot	26		Ainsford-Inn (*d*)	115 ¼
	Blackwater	30 ½		Somerton	125 ¾
	Hartford-Bridge	35 ¼		Langport	130 ½
	Murrel-Green	38 ¼	6	Taunton	144 ¼
	Basingstoke	45 ¼		VVellington	151 ¾
	VVorting	47 ½		Maiden-Down	156 ¼
	Overton	53	7	Tiverton	166
	VVhitchurch	56 ¾		South Molton	184 ½
4	Andover	63 ½	8	Barnstaple (*e*)	196

CONTINUATIONS.

(*a*) De *Hunslow* à *Chertsey* (Surrey), 10 m. $^1/_4$.
(*b*) D'*Amesbury* à *Warminster* (Wilt), 18 m. $^1/_2$.
(*c*) De *Wincaunton* à *Bruton* (Somerset), 5 m.
       De *Wincaunton* à *Sherborne* (Dorset), 9 m.
(*d*) De *Ainsford-Inn* à *Yeowill* (Somerset), 13 $^1/_2$.
       De *Barnstaple* à *Combe-Martin* (Devon), 9 m.
(*e*) De *Barnstaple* à *Ilfracombe* (Devon), 10 m.

En quittant Hyde-Park-Corner, le voyageur passe par *Ken-sington*, où est situé le château de lord Holland ; sur la gauche, *Turnham-Green*, où est Chiswich-house, château magnifique au duc de Devonshire, dans lequel expira Fox.

1. BRENTFORD, dans Middlesex, où le grand canal fait sa jonction avec la Tamise. C'est dans cette ville que se font les élections du comté. *Curios.* : l'église. *Hôtels* : the Pigeons, the Red-Lion. Pop : 2,036 h.

De l'autre côté de la Tamise est *Kew*, renommé pour la beauté de ses jardins. C'était la résidence favorite de George III, et c'est dans ce château que la reine expira.

2. STAINES, dans Middlesex, sur la Tamise, qu'on traverse sur un beau pont de fer. *Commerce* : farine, calicots. *Hôtel* : the Bush (le Buisson). Pop. 2,000 h.

3. EGHAM, dans Surrey. C'est dans cette ville que le roi Jean fut forcé de signer la *Magna Charta*, la Grande Charte. *Curios.* : l'église, fondée en 1820. *Hôtels* : the Crown, the King's head. Pop. 3,616 h.

4. ANDOVER, dans Hamp, sur un canal qui conduit à Southampton. Cette ville est très-commerçante. *Curios.* : l'église, fondée sous Guillaume Ier, et la maison de ville. *Hôtel* : the Star and Garter (l'Étoile et la Jarretière). Pop. 4,219 h.

A 4 milles au-dessus d'Andover est *Weyhill*, où se tient la foire la plus considérable d'Angleterre pour le houblon, le fromage, et les bestiaux, etc. Elle commence le jour après la Saint-Michel, et dure 7 jours.

5. HINDON, ville peu importante ; mais à 4 milles S.-E. de là est la célèbre abbaye de *Fonthill*, considérée comme un des plus curieux édifices de l'ouest de l'Angleterre.

6. TAUNTON, dans Somerset. C'est une jolie ville sur la Tone, rivière. *Commerce* : serges, droguets, bière, etc. *Curios.* : le marché, les restes du château érigé par Ina, roi des Saxons ;

l'église Saint-James, bâtie dans le 13e siècle, et celle de Marie Madeleine. *Hôtels :* the Castle, the George. Pop. 8,534 h.

7. TIVERTON, dans le Devon, sur une branche de l'Exa, rivière, renommée pour ses manufactures de laines. *Curios. :* l'église, la tour, les restes du château, et l'école gratuite de grammaire. *Hôtels :* the Angel, the Three inns. Pop. 8,631 h.

8. BARNSTAPLE, dans le Devon, jolie ville sur la Taw. Commerce considérable en bas de soie et laines, etc. *Curios. :* le pont, les quais, l'église et le théâtre. C'est dans les environs que naquit l'ingénieux poète Gay. *Hôtel :* the Golden-Lion. (Lion-d'Or). Pop. 5,079 h.

CONTINUATIONS.

De Hartfort-Bridge à Odiham, 5 m. $^1/_2$.
De Odiham à Alton, 8 m.
De Hindon à Kilmington, 7 m. $^1/_4$.
De Kilmington à Bruton, 6 m. $^3/_4$.

N° 12.   DE LONDRES A BATH.

1re route, par Maiden head, Reading et Chippenham.
(*V*. n° 32.)

N° 13. DE LONDRES A BATH *, 2e route, 106 m.

De Hyde park corner à Marlborough * 74 m. $^1/_2$ (*V*. n° 32).

Fifield	77		1 Devizes	88 $^1/_4$
Silburg-hill	80 $^1/_4$		2 Melksham	95 $^1/_4$
Beckhampton-inn	80 $^3/_4$		Bath *	106 $^1/_2$

De Melksham à Bradford, 6 m.

1. DEVIZES, dans Wilt, sur une éminence. *Commerce :* laines, bas, etc. *Curios. :* les églises Sainte-Marie et Saint-Jean, la maison-de-ville, la nouvelle prison. *Hôtel :* the Castle, the Black-Bear. Pop. 4,208 h.

2. MELKSHAM, sur l'Avon. Cette ville renferme un grand

nombre de manufactures de laines. *Curios.* : l'église et plusieurs temples. Dans les environs deux sources d'eaux minérales estimées. *Hôtels :* the King's arms , the George. Pop. 5,776 h.

N° 14.   DE LONDRES A BATH.
3e route , par Basingstoke, Andover et Devizes, 108 m.

De Hyde park corner à		Uphaven	80 $^1/_2$
Andover * (*V*. n° 11)	63 $^1/_2$	Devizes* (*V*. n° 13)	89 $^3/_4$
Ludgershall	70 $^3/_4$	Melksham * (*V*. n° 13)	96 $^3/_4$
East-Everley	75 $^1/_4$	Bath *	108

N° 15. DE LONDRES A BECKENHAM , 9 m.

De London Bridge à Camber		1 Dulwich	5
Well	3	Beckenham	9

1 DULWICH , dans Surrey , joli village ramarquable par ses alentours et sa galerie de tableaux.

N° 16.   DE LONDRES A BEDFORD.
1re route, par Hatfield et Hitching.

De *Londres* à *Bedford* *, 50 m. (*V*. n° 106.)

N° 17.   DE LONDRES A BEDFORD.
2e route, par Saint-Albans , 51 m. $\frac{1}{4}$.

De Hick's hall à St-Albans *		1 Luton	31 $^1/_2$
(*V*. n° 83)	21	Silsoe	40 $^3/_4$
Gibraltar-inn	29	Bedford	51 $^1/_4$

1. LUTON, dans Bedford, jolie petite ville. *Curios.* : l'église, une chapelle fondée par Henri VI ; c'est la patrie du poète Pomfret. *Hôtel :* the George. Pop. 2,986 h.

De *Silsoe* à *Ampthill* (a) , 4 m. $^1/_2$.

(a) C'est une jolie petite ville , sur deux collines. *Curios.* :

l'église, le marché, et le parc du même nom dans le voisinage. *Hôtel :* the White hart. Pop. 1,527 h.

N° 18.   DE LONDRES A BIRMINGHAM.
1re route, par Stoney, Stratford et Coventry.

De *Londres* à *Birmingham**, 109 m. $^1/_2$. (*V.* n° 29.)

CONTINUATION.

De Birmingham à Walsall (dans Stafford), 8 m. $^1/_4$. A Dudley, 10 m.

Cette ville est grande et belle. *Curiosités :* les deux églises, Dudley, Castle. *Hôtel :* the Dudley-Arms. Pop. 18,211 h.

N° 19.   DE LONDRES A BIRMINGHAM.
2e route, par Watford, Banbury et Warwick, 116 m.

	De Tyburn turnpike à		3	Bukingham	56 $^1/_4$
	Edgeware (*a*)	8 $^1/_4$		Brackley	63 $^3/_4$
	Stanmore	10 $^1/_4$		Banbury	72 $^5/_4$
1	Watford (*b*)	15		Edge hill	80 $^5/_4$
	Two waters	22		Kineton	85 $^1/_4$
	Berkhempstead (*c*)	26 $^1/_2$	4	Warwick	96
	Tring	31 $^3/_4$		Knowle	106 $^5/_4$
2	Aylesbury	39		Birmingham	116
	Winslow	49 $^1/_4$			

CONTINUATIONS.

(*a*) D'*Edgeware* à *Saint-Albans*, 11 m. $^1/_2$.
(*b*) De *Watford* à *Hemel-Hempstead*, 8 m. $^1/_4$.
(*b*) De *Watford* à *Rickmansworth**, 3 m. $^1/_2$.
(*c*) De *Berkhempstead* à *Ivinghoe*, 6 m. $^1/_2$.

1. WATFORD, dans Hertford, jolie petite ville presque entourée par la Coln, rivière sur laquelle il y a beaucoup de moulins à papier. *Curios. :* l'église. *Hôtel :* the Rose and Crown. Pop. 2,960 h.

2. AYLESBURY, dans Buckingham, sur le Val du même nom, situation charmante. *Curios.* : la maison-de-ville, l'église et le marché. A 2 milles de là est Hartwell House, qui fut pendant long-temps la demeure de Louis XVIII, du duc et de la duchesse d'Angoulême. *Hôtel* : the George. Pop. 4,400 h.

3. BUCKINGHAM, ville ancienne et mal bâtie. *Commerce* : dentelles, etc. *Curios.* : l'église construite en 1780, la maison-de-ville et la nouvelle prison. A 3 milles de Buckingham se trouve Stowe, château du duc de Buckingham, qui passe pour un des plus beaux de l'Angleterre. *Hôtel* : lord Cobham's arms. Pop. 3,465 h.

4. WARWICK, capitale du comté de ce nom, ville assez jolie, quoique très-ancienne, sur l'Avon, rivière. *Curios.* : Saint-Nicolas et Sainte-Marie, deux belles églises ; la maison-de-ville, le palais de justice, la prison et le château de Warwick (Warwick Castle.) *Hôtels* : the Black Swan, the Castle. Pop. 8,235 h.

Nº 20.　DE LONDRES A BIRMINGHAM.

3ᵉ route, par Oxford et Stratford en Avon, 117 m.

De Tyburn turnpick à		Shipston	83 ¹/₄
Oxford* (*V*. nº 31)	54 ³/₄	2 Stratford en Avon	94
1 Woodstock	62 ³/₄	Henley in arden	101 ¹/₂
Enstone	69 ³/₄	Hockley-Heath	106 ¹/₂
Chapel-House	73 ¹/₄	Birmingham	117

1. WOODSTOCK, dans Oxford, renommé par ses manufactures de gants et aciers polis. *Curios.* : the Town-Hall, maison-de-ville ; Blenhem, château magnifique érigé aux frais de la nation pour le duc de Marlborough, comme récompense de la victoire qu'il remporta au village de ce nom, en Allemagne. *Hôtel* : the Marlborough's Arms. Pop. 1,500 h.

2. STRATFORD en AVON, dans Warwick, célèbre par la naissance de Shakspeare ; on voit encore dans Henly street la maison où il naquit. *Curios.* : l'église, la maison-de-ville et la prison. *Hôtel* : the White Lion (Lion-Blanc). Pop. 3,069. h.

Nº 21.　DE LONDRES A BRECON.

1ʳᵉ route, par High, Wycombe Gloucester et Monmouth.

De *Londres* à *Brecon** , 166 m. ¹/₄.. (*V*. nº 31.)

N° 22.   DE LONDRES A BRECON.

2ᵉ route, par Gloucester, Ledbury et Hereford,
167 m. ¾.

De Tyburn turnpike à				
Northleach (n°31.)	82	Dormington	128
Gloucester*(*V*.n°39)	101 ¹/₄	Hereford * (*V*. n° 4)	133 ¹/₂
1 Ledbury	118 ¹/₄	Hanmers Cross (a)	143 ¹/₂
The Trumpets	122 ¹/₄	Hay	152 ¹/₂
		2 Brecon	167 ¹/₄

(a) De *Hanmer's Cross* à *Kington*, 9 m.

1. LEDBURY, au pied des collines de Malvern. Commerce considérable en cordes, chanvre, cidre. *Curios.* : l'église, Eastnor et Castle, château de lord Somers. *Hôtels* : the George, the Feather (les Plumes). Pop. 3,476.

2. BRECON, situation délicieuse au confluent de l'Houddu et de l'Usk. *Commerce* : chapeaux et étoffes de laine. *Curios.* : les restes du château, ceux de l'ancien prieuré, la prison, les églises Saint-Jean, Saint-Marie et de Saint-David, et les deux promenades. *Hôtels* : the Belle (la Cloche), the Lion. Pop. 4,193 h.

N° 23.   DE LONDRES A BRIGHTON, 1ʳᵉ route.

La nouvelle route par Croydon et Balcombe, 51 m. ½.

De Westminster Bridge				
à Streatham	5 ¹/₂	Balcombe	33
1 Croydon (a)	9 ¹/₂	Cuckfield	37 ¹/₄
Red Hill	20 ¹/₂	Friar's-Oak-Inn	43
Black Corner	27 ¹/₄	2 Brighton	51 ¹/₂

(a) De *Croydon* à *Ryegate*, 12 m.

1. CROYDON, dans Surrey, sur un canal communiquant avec la Tamise, et une route en fer avec Merstham et Wandsworth. *Commerce* : calicots imprimés. *Curios.* : l'église, les restes du palais, la maison de justice, l'hôpital Whitgift et le théâtre. *Hôtel* : the Greyhound (le Lévrier). Pop. 9,254.

2. BRIGHTON, dans Sussex, place célèbre pour ses bains. *Commerce* : la pêche du hareng et du maquereau. *Curios.* : le Pa-

villon, palais érigé par George IV, comme résidence d'été ; la nouvelle église fondée en 1824, le théâtre, la chapelle, et la Steyne, plaine qui forme une promenade charmante. A 1 mille de cette ville se tient la course ; tous les amusemens se trouvent réunis à Bath. *Hôtels :* the Castle, the Royal York, the Oldship. Pop. 34,429 h.

N° 24.　　　DE LONDRES A BRIGHTON.

2ᵉ route, par Sutton et Ryegate, 52 m. ¾.

De Westminster Bridge à			
Tooting	6	Ryegate	21
Mitcham (a)	7 ³/₄	Crawley	30 ¹/₄
Sutton	11 ¹/₂	Hickstead	40
Gatton	19 ¹/₄	Brighton *	52 ³/₄

(a) De *Mitcham* à *Carshalton*, 2 m. ¹/₂.

N° 25.　　　DE LONDRES A BRIGHTON.

3ᵉ route, par Croydon et Lindfield, 54 m. ½.

De Westminster Bridge à			
Streatham	5 ¹/₂	New Chapel-Green	25 ³/₄
Croydon * (*V*. n° 23)	9 ¹/₂	Lindfield	37
Godstone Green (a)	19	Ditchling	45
		Brighton *	54 ¹/₂

(a) De *Godstone Green* à *Bletchingly*, 2 m.

N° 26.　　　DE LONDRES A BRIGHTON.

4ᵉ route, par Grinstead et Lewes, 57 m. ½.

De Westminster Bridge à			
Streatham	5 ¹/₂	Wych Cross	33 ¹/₂
Croydon *	9 ¹/₂	Chailey	42 ¹/₂
New Chapel-Green	24 ³/₄	1 Lewes	49
East Grinstead	28 ¹/₂	Falmer	53
		Brighton	57 ¹/₂

1. LEWES, dans Sussex, ville ancienne, mais bien bâtie, sur l'Ouse, rivière. *Curios.* : les restes du château fondé sous Guillaume Iᵉʳ ; le prieuré du même temps, l'église Saint-Jean, la

maison de correction, l'intendance et le théâtre : à 3 milles est un champ pour la course, un des plus beaux d'Angleterre. *Hôtels :* the Star (l'Étoile), the White Hart. Pop. 7,083 h.

Nº 27.   DE LONDRES A BRISTOL.

1re route, par Reading, Chippenham et Marshfield, 112 m. $\frac{3}{4}$.

De Hyde park Corner à Chippenham* (nº 32) 92 ³/₄	Marshfield	101 ³/₄
	Bristol* (*V*. nº 32.)	112 ³/₄

De *Bristol* à *Weston sur mer*, 19 m. ¹/₂.

Nº 28.   DE LONDRES A BRISTOL.

2ᵉ route, par Reading, Chippenham et Bath.

*De Londres à Bristol**, 119. m. (*V*. nº 32.)

Nº 29.   DE LONDRES A BUXTON.

1re route, par Northampton et Leicester, 159 m. $\frac{3}{4}$.

De Hicks's Hall à Ashbourn (*V*. nº 83).	140	Buxton *, (*V*. nº 128) 159 ³/₄.

Nº 30.   DE LONDRES A BUXTON.

2ᵉ route, par Daventry, Lichfield et Cheadle, 167 m.

De Hicks's Hall à Stone		1 Cheadle (*a*)	146
Bridge	99 ⁵/₄	One Coate	154 ¹/₄
Lichfield	118 ³/₄	Longnor	162
Abbot's Bromley	129	Buxton *	167
Utoxeter	135 ³/₄		

(a) De *Cheadle* à *Leck*, 10 m. ¹/₂.

1. CHEADLE, dans Stafford, belle situation dans une vallée, contenant des mines de charbon considérables. *Curios.* : l'église

et l'école gratuite. *Hôtel :* the Royal-Oak (Chêne-Royal). Pop. 4,000 h.

N° 31. DE LONDRES A CAERMARTHEN.

1re route, par Oxford, Gloucester et Brecon, 216 m.

	De Tyburn Turnpike à		4	Cheltenham	94 $^3/_4$
	Southall	9 $^1/_2$	5	Gloucester	103
	Hayes End	12		Ross	119 $^1/_2$
	Uxbridge	14 $^3/_4$	6	Monmouth	129 $^3/_4$
	Gerard's Cross	19 $^5/_4$		Ragland	137 $^5/_4$
	Beaconsfield	22 $^1/_4$	7	Abergavenny	146 $^3/_4$
1	High Wycombe (a)	28 $^5/_4$		Crickhowell	153
	Stoken Church	36 $^1/_4$		Brecon	166 $^3/_4$
	Tetsworth	42 $^1/_4$		Trecastle (b)	177 $^1/_2$
	Wheatly	48 $^1/_2$		Llandovery	186 $^5/_4$
2	Oxford	54 $^3/_4$		Llandilo-Vawr	201 $^1/_4$
3	Witney	65 $^3/_4$		Abergwili	214
	Burford	73	8	Caermarthen	216
	Northleach	82			

(a) De *Wigh Wycombe* à *Risborough*, 8 m.
(b) De *Trecastle* à *Langadock*, 10 m. $^1/_2$.

1. WIGH WYCOMBE, dans Buckingham, est une des plus jolies villes de ce comté, et très-commerçante. *Curios.* : la maison-de-ville, l'école gratuite, l'église; dans les environs, l'abbaye et le parc. *Hôtel :* the Red Lion (le Lion-Rouge). Pop. 5,600 h.

Au-delà de VVigh Wycombe est West Wycombe, remarquable par son église.

2. OXFORD, capitale du comté de ce nom. Cette ville est située au confluent de l'Isis et du Charwell. Oxford est remarquable pour la beauté et la magnificence de ses édifices, qui tous méritent l'attention du voyageur; son université est une des plus célèbres de l'Europe. Les principaux monumens sont : all Soul's college (de tous les saints), *Baliol College*, nom de son fondateur; *Corpus Christi* college, fondé par le cardinal Wolsey, 1552 ; Collége de Jesus, en 1571, par Élisabeth; Collége de la Madeleine, de Merton, de Winchester, de la Trinité, de Saint-Jean, etc. Le théâtre, le musée, l'observatoire, la bibliothèque, lès églises Sainte-Marie, Saint-Pierre et de tous les Saints. Le Jardin des Plantes, le pont de la Madeleine, la maison-de-ville,

le marché et les promenades. *Hôtels* : the Angel, the King's Arms. Pop. 16,346 h.

3. WITNEY, dans Oxford, jolie petite ville. *Curios.* : l'église, la maison-de-ville et la place du marché. *Hôtels* : the Staple, Hall Inn. Pop. 2,827.

4. CHELTENHAM, belle situation dans la vallée de Gloucester, air pur et eaux médicinales très-renommées. *Curios.* : la nouvelle église érigée en 1821 ; the Well Walk, jolie promenade ; le théâtre et la vieille église. *Hôtels* : the George, the Plough (Charrue). Pop. 13,396 h.

5. GLOUCESTER, capitale du comté de ce nom, sur la Severn. *Commerce* : épingles, lin, chanvre, etc. *Curios.* : la cathédrale, la prison, le marché, la maison-de-ville, la douane, l'infirmerie du comté, le théâtre, etc. C'est la patrie de Taylor, poète, de Whitfield, prédicateur, et de Raïkes, fondateur des écoles du dimanche. *Hôtels* : the Bell (Cloche), the Booth hall. Pop. 9,744 h.

6. MONMOUTH, capitale du comté de ce nom, agréablement située au confluent du Munnow et de la Wye. *Curios.* : les restes du château, la maison-de-ville, la prison, les églises Sainte-Marie et Saint-Thomas. C'est la patrie de Henri V. *Hôtels* : the Beaufort's arms. Pop. 4,164 h.

7. ABERGAVENNY, sur le Gavenny et l'Usk, ville ancienne et belle. *Commerce* : flanelle, souliers, etc. *Curios.* : les ruines du château, l'église Sainte-Marie, et hors la ville Sugar-Soaf moúntain (montagne du Pain-de-Sucre), 1,850 pieds au-dessus du niveau de la mer. Les voitures peuvent monter à son sommet, où la perspective est d'une grande beauté. *Hôtel* : the Greyhound, the Angel. Pop. 3,400 h.

8. CAERMARTHEN, capitale du comté de ce nom, sur la Towy, rivière navigable avec un très-beau pont, et des quais très-commodes. *Curios.* : l'église, la maison-de-ville, la prison, the Parade, belle promenade. *Hôtel* : the Boar's head (Tête de Sanglier). Pop. 8,966 h.

CONTINUATIONS.

De *Stoken Church à Thame*, 8 m. 1/4, ville ancienne proche la Tamise sur une éminence. *Curios.* : l'église et thame Park, le parc. *Hôtel* : the Red Lion. Pop. 3,000 h.

De *Caermarthen à Leanstephan*, 7 milles, petite ville à l'embouchure de la Towy, où l'on va prendre des bains.

N° 32. DE LONDRES A CAERMARTHEN.

2ᵉ route, par Maidenhead, Calne, Bath, Bristol, Cardiff et Swansea, 231 m.

De Hyde park corner à			Box	99 ¹/₂
Brentford*	7 ¹/₄	4	Bath	105 ³/₄
Hounslow	9 ¹/₂		Keynsham	113 ¹/₄
Cranford bridge	12	5	Bristol	119
Sipson Green	13 ¹/₂		New passage over	
Colnbrook	16 ³/₄		Severn	129 ³/₄
Slough	20 ¹/₂		Black-Rock-inn	132 ¹/₄
Salt-hill	21 ¹/₂		Caerwent	136 ¹/₆
Maindenhead bridge	25 ¹/₄		Christ-Chuch	145
Maidenhead	26		Newport	147 ¹/₂
Hare hatch	32	6	Cardiff	158 ¹/₄
1 Reading	39		Cowbridge	171 ¹/₄
Theal	43 ¹/₂		Ewennybridge (c)	177 ¹/₂
Woolhampton	49 ¹/₄		New-inn	178 ¹/₄
Speenhamland	55		Pyle-inn	183 ¹/₂
2 Newbury	55 ³/₄		Margain	185 ¹/₄
Speen-hill (a)	56 ¹/₂		Aberavon	190 ¹/₄
Hungerford	64 ¹/₄	7	Neath	196 ¹/₄
Proxfield	67 ³/₄	8	Swansea	204 ³/₄
Marlborough	74 ³/₄		Pontarddylais	213 ³/₄
Beckhampton-inn	81		Llanon	217 ³/₄
Calne	87		Caermarthern*	231
3 Chippenham (b)	92 ¹/₄			

CONTINUATIONS.

(a) De *Speen hill* à *Lambourn* (Berck), 12 m.
(b) De *Chippenham* à *Chipping Sodbury*, 16 m. ¹/₄.
(c) *Ewenny bridge* à *Bridgend*, 1 m. ¹/₂.

1. READING, capitale du comté de Berk, sur le Kennet, rivière, à sa jonction avec la Tamise. Commerce considérable en farine, draps, rubans et épingles. Cette ville est d'une grande antiquité. *Curios.* : la maison-de-ville, la prison, l'église de Sainte-Marie et celle Saint-Gilles. Reading est la patrie

de l'archevêque Land, du poète Merrick, et du mathématicien Blagrave. Dans le mois d'août il s'y tient des courses assez fréquentes.

A 7 milles sur la gauche est *Stratfield Saye*, joli château, demeure du duc de Wellington. *Hôtels :* the Bear, the George, the Crown. Pop. 12,867 h.

2. NEWBURY, ancienne et grande ville sur le Kennet, dans une plaine fertile. *Curios. :* la maison-de-ville et plusieurs églises. *Hôtel :* the White-hart. Pop. 5,348 h.

3. CHIPPENHAM, dans Wilt, sur l'Avon, sur lequel on voit un beau pont en pierre. *Commerce :* étoffes de laine. *Curios. :* l'église, l'école de charité, et plusieurs temples. *Hôtel :* the Angel. Pop. 3,200 h.

4. BATH, dans Somerset, sur l'Avon, jolie ville qui doit sa célébrité à l'excellence de ses eaux médicinales. *Curios. :* les quatre bains, principalement ceux du Roi et de la Reine ; la cathédrale, l'église Saint-Jacques, celle de Saint-Michel, la maison-de-ville, le théâtre, bâti en 1805, et une multitude de beaux monumens ; plusieurs rues sont d'une noble architecture, telles que Great-Pulteney Street, le Cirque, Queen's square (place de la Reine), Saint-James-Square (place Saint-Jacques), Catherine-Place et Rivers-street, et les alentours, qui sont fort beaux. *Hôtels :* the Lamb (l'Agneau) the Greyhound. Pop. 36,811 h.

5. BRISTOL, sur l'Avon, grande ville riche, peuplée et d'un grand commerce avec l'Amérique, l'Espagne et le Portugal. *Curios. :* la cathédrale et les autres 19 églises méritent en général l'attention du voyageur ; le palais de l'évêque, la bibliothèque, le théâtre, la chambre du commerce, fondée en 1810; le quai et le port. Bristol est la patrie du poète Chatterton, de Cabot, qui découvrit l'Amérique ; de l'amiral Penn, etc.

A 1 mille de Bristol est le village romantique de *Cliston*, situé sur un roc élevé suspendu sur l'Avon, qui présente une scène magnifique. Il y a des sources chaudes très-fréquentées par les malades pendant l'été.

Des bateaux à vapeur vont régulièrement de Bristol à Dublin. *Hôtels :* the Bush (le Buisson), the Talbot. Pop. 52,889. h.

Avant de quitter Bristol, le voyageur doit s'assurer du temps où il peut passer la Severn, sans quoi il s'expose à rester à *New-Passage*, qui est l'endroit où on la traverse et où elle a 3 milles de largeur.

6. CARDIFF, capitale du comté de Glamorgan, sur la Taaf, qu'on traverse sur un beau pont de pierre. Le port est très-

commode et très-commerçant. *Curios.* : l'églisè, bâtie sous le règne d'Édouard III; la maison-de-ville, la prison, le château et le canal. *Hôtels* : the Angel, the Cardiff arms. Pop. 3,521 h.

7. Neath, dans Glamorgan, sur la Neath, rivière. Joli port très-fréquenté. *Curios.* : la maison-de-ville, l'église, et les ruines du château. A 4 milles, en remontant la rivière, est la fameuse chute d'eau nommée *Melincourt.* *Hôtel* : the Ship and Castle (le Vaisseau et le Château). Pop. 2,829 h.

8. Swansea, ville très-commerçante sur la Tawe, rivière, et un canal, qui forment un joli port. *Commerce :* poteries, porcelaine, charbon, cuivre, plomb. *Curios.* : la maison-de-ville, l'église de la Vierge, le théâtre, les bains chauds et froids, et les alentours. *Hôtel :* the Mackworth arms. Pop. 11,236 h.

CONTINUATION.

De *Black Rock inn* à *Caerleon*, 14 milles, petite ville sur l'Usk, rivière qu'on traverse sur un pont d'une construction curieuse.

No 33. DE LONDRES A CAERNARVON.

1re route, par Daventry, Birmingham, Shrewsbury, et Bala, 235 m. $\frac{1}{2}$.

De Hicks's Hall à			
Shrewsbury (n° 99)	153 ¹/₄	Festiniog	212
Kuockin	165 ¹/₄	Maentwrog	214 ¹/₂
Llangedwyn	175 ¹/₂	Tan y-Bwlch-inn	215 ¹/₂
Llangynnog	184 ¹/₄	Pont Aberglasslyn	222
Bala	194 ¹/₂	1 Beddgelert	223 ¹/₄
		2 Caernarvon	235 ¹/₂

1. Beddgelert, petite ville dont la situation est très-pittoresque. C'est de là qu'on prend des guides lorsqu'on veut monter sur le Snowdon, dont le sommet est à 3,400 pieds au-dessus du niveau de la mer.

2. Caernarvon, capitale du comté de ce nom, ville ancienne et bien bâtie, sur le détroit de Menay. Quoique son port soit d'un accès difficile, elle fait un grand commerce. *Cur.* : le château, les murailles de la ville, la maison-de-ville, la prison, le marché, l'église, les bains de mer, la douane, etc. *Hôtel :* the Goat (la Chèvre). Pop. 5,788 h.

CONTINUATIONS.

De *Maentwrog* à *Crickieth*, 12 m.
De *Crickieth* à *Pwllheli*, 7 m. ¹/₄.
De *Pwllheli* à *Nevin*, 6 m. ¹/₄.

Nº 34.   DE LONDRES A CAERNARVON.

2ᵉ route, par Hygh Wcombe, Worcester, et Montgomery, 247 m.

	De Tyburn Turnpike à			Tenbury	133 ³/₄
	Oxford * (*V*. nº 31)	34 ¹/₄		Burford	134 ³/₄
	Woodstock	62 ³/₄	3	Ludlow (*b*)	142 ³/₄
	Enstone	69 ³/₄		New-inn	151
1	Chipping-Norton	73 ⁵/₄		Bishop's Castle	159 ³/₄
	Four-Shire-Stone	80 ¹/₄	4	Montgomery	169
	Moreton in the			Llanfair	180 ¹/₂
	Marsh (*a*)	82		Llanerfyl	185 ¹/₂
	Broadway	90 ¹/₄		Can-Office-inn	187
	Bengeworth	95 ³/₄		Dynas Mouthy	199 ¹/₄
2	Worcester	111 ¹/₂	5	Dolgelly	208 ¹/₂
	Holt Heath	117 ⁵/₄		Llaneltyd	210
	Hundred-House-Inn	122 ¹/₂		Trawsfyndd	220 ¹/₂
	Stockton	125		Beddgelert	235
	Newham	130 ³/₄		Caernarvon* (nº 33)	247

CONTINUATIONS.

(a) De *Moreton in the Marsh* à *Campden*, 8 m.
(b) De *Ludlow* à *Church Stretton*, 16 m. ¹/₄.

1. CHIPPING-NORTON, dans Oxford, ville ancienne, et bien bâtie. *Commerce* : grosses étoffes de laine. *Curios.* : l'église. *Hôtel :* the White hart. Pop. 2,640 h.

2. WORCESTER, capitale du comté de ce nom, sur la Severn, rivière sur laquelle on voit un très-beau pont construit en 1781. Cette ville est grande, belle et dans une charmante situation; les rues sont larges, bien pavées, et éclairées par le gaz. *Cur.:* la cathédrale, fondée vers la fin du 12ᵉ siècle; la nouvelle église

de Saint-Clément et celle de Saint-André ; le palais épiscopal , la tour d'Edgar, le marché, etc. *Hôtels :* the Crown, the Angel. Pop. 17,023 h.

À 3 milles, sur la gauche, est *Thorn-Grove*, joli château qui fut pendant quelque temps la demeure de Lucien Bonaparte.

3. LUDLOW, dans Shrop, au confluent de la Corve et de la Teme. La situation de cette ville est des plus heureuses ; la régularité de ses édifices et la propreté de ses rues en font une belle ville. *Curios.* : les ruines du château, l'église, la maison-de-ville, les promenades, et l'hôpital, etc. *Hôtels :* the Angel, the Crown. Pop. 4,820 h.

4. MONTGOMERY, capitale du comté, est une petite ville, mais très-jolie, dont les alentours sont charmans. *Curios.* : l'église Saint-Nicolas, le palais de justice, la prison, les ruines du château. *Hôtel :* the Dragon. Pop. 1,100 h.

5. DOLGELLY, dans Merioneth, située dans une belle plaine, entourée de montagnes, et arrosée par l'Aran et le Wnion, rivière. *Commerce :* flanelle et grosse étoffe de laine. *Curios.* : la prison, le marché, la maison-de-ville, etc. *Hôtels :* the Ship, the Golden Lion. Pop. 2,092 h.

À 4 milles est *Cader Idris*, montagne dont le sommet est à 2,800 pieds au-dessus de la ville. Dans un temps clair on découvre un horizon de 400 milles.

CONTINUATIONS.

De *Chipping Norton* à *Stow*, dans le *Wold*, 9 m.
De *Stow dans le Wold* à *Winchcombe*, 13 m.

De *Bengeworth* à *Evesham* $^1/_2$. Cette ville est dans la délicieuse vallée du même nom. *Curiosités :* les deux églises et la maison-de-ville. *Hôtel :* the Crown. Pop. 3,487 h.

CONTINUATIONS.

De *Ludlow* à *Clun*, 16 m.

De *Dalgelly* à *Barmouth*, 10 m. $^1/_2$. Cette ville est dans une situation très-romantique, sur un petit bras de mer. *Hôtels :* the Red-Lion, the Hotel. Pop. 2,000 h.

De *Dolgelly* à *Harleigh*, 18 m.

N° 35.   DE LONDRES A CAMBRIDGE.

1re route, par Ware et Barkway, 5o m. ¾.

| De Shoreditch Church à | | | Barkway | 34 ¹/₄ |
| Puckeridge (*V*. n° 1) 26 ⁵/₄ | | 1 Cambridge | 5o ¹/₄ |

De *Cambridge* à *St-Neot's*, 18 m.
De *Cambridge* à *New-Market*, 13 m.

1. CAMBRIDGE, capitale du comté, sur le Cam, rivière. Cette ville est grande, mais irrégulièrement bâtie, n'ayant de remarquable que sa célèbre université, composée de 17 colléges, dont les plus curieux sont ceux de la Trinité, fondé en 1546 par Henri VIII ; King's collége, collége du Roi, en 1441, par Henri VI ; celui de Saint-Pierre, en 1257 ; de Pembroke, en 1343 ; de la Reine, en 1448 ; du Christ, en 1505 ; la maison du sénat, le muséum, le jardin des plantes ; les églises Sainte-Marie, de tous les Saints, Saint-Michel, etc. ; la prison, l'hospice Addenbrooke et la maison-de-ville. C'est la patrie de Jérémie Taylor, théologien célèbre. *Hôtels :* the Black-Bull, the Red-Lion. Pop. 14,142 h.

N° 36.   DE LONDRES A CAMBRIDGE.

2° route, par Royston, 5o m. ¾.

| De Shoreditch church à | | | Harlston | 45 ¹/₂ |
| Royston (*V*. n° 1) 37 ¹/₄ | | Cambridge | 5o ¹/₄ |

N° 37.   DE LONDRES A CAMBRIDGE.

3e route, par Epping, 56 m.

De Shoreditch church à			1 Hockeril (*b*)	3o
Lea Bridge	3 ¹/₂		Stanstead	32 ¹/₄
Snaresbrook	6 ¹/₄		Newport (*c*)	38 ¹/₄
Woodfort	8 ¹/₄		Great Chesterford	44 ¹/₄
Epping (*a*)	16 ¹/₄		Stapleford	5o ¹/₄
Harlow	23 ¹/₄		Cambridge *	56
Sawbridge VVorth	26			

(a) D'*Epping* à *Chipping Ongar* (Essex), 7 m. ¹/₂.

(b) D'*Hockeril* à *Dunmow*, 8 m. ¹/₄.
(c) De *Newport* à *Linton* (Cambridge), 9 m. ¹/₂.

1. Hockeril, dans Hertford, peu importante; mais à ¹/₄ de mille, sur la gauche, est *Bishop's-Stortford*, ville grande et peu peuplée, sur la Stort, rivière, et un canal qui communique avec la Lea, ce qui rend cette ville très-commerçante. *Curios.:* l'église, les ruines du château, et le marché. *Hôtel :* the George. Pop. 3,600 h.

N° 38. DE **LONDRES** A **CARDIFF.**

1ʳᵉ route, par Reading et Bristol.

De *Londres* à *Cardiff** (n° 32), 158 m. ¹/₄.

CONTINUATION.

De *Cardiff* à *Llandaff*, 2 m. ¹/₂.
De *Llandaff* à *Llantrissent*, 8 m. ¹/₂.

Llantrissent, dans Glamorgan, belle situation, sur une colline escarpée. *Curios.:* les ruines du château, la maison-de-ville, et le marché. *Hôtel :* the George. Pop. 2,585 h.

N° 39. DE **LONDRES** A **CARDIFF.**

2ᵉ route, par Beaconsfield, Oxford, Seven wells et Chepstow, 156 m. ½.

De Tyburn Turnpike à		Aylburton	121 ¹/₂
Northleach (n° 31)	82	Chepstow	128 ¹/₄
Seven wells	92 ²/₄	Caerwent	134
Gloucester * (n° 31)	101 ¹/₄	Newport *	145 ¹/₄
Newham	113 ¹/₄	Cardiff *	156 ¹/₂

Chepstow, dans Monmouth, sur la Wye, rivière. Commerce considérable en bois de charpente, charbon, fer, cidre, etc. *Curios. :* le château, l'église, le pont en fer, construit en 1816. *Hôtel :* the Beaufort arms. Pop. 3,008 h.

A 4 milles est *Tintern-Abbey*, digne de l'attention du voyageur par sa position.

CONTINUATION.

De *Newport* à *Caerphilly*, 12 m.
De *Caerphilly* à *Merthyr-Tydvil*, 15 m. ¹/₄.

CAERPHILLY, dans Glamorgan, ville très-ancienne. *Curios.* : les ruines du château, qu'on dit avoir été un des plus grands du royaume. *Hôtel* : the Crown. Pop. 2,520 h.

MERTHYR-TYDVIL, renommé pour ses ouvrages en fer; dans une des manufactures, il y a une roue de moulin en fer qui a 150 pieds de circonférence. *Curios.* : l'église, la maison-de-ville et le théâtre. *Hôtel* : the Crown. Pop. 17,404 h.

Nº 40.   DE LONDRES A CARDIGAN,

par High-Wycombe, Oxford, Cheltenham et Brecon, 231 m. ¾.

De Tyburn Turnpike à
   Llandovery (nº 31) 186¹/₄.   New Castle in Emlyn 121¹/₄.
Lampeter   202¹/₄.   1 Cardigan   231¹/₄.

1. CARDIGAN, capitale du comté, proche l'embouchure de la Teivy, rivière. Commerce considérable. *Curios.* : la maison-de-ville, fondée en 1764; la prison, en 1793; l'église, le pont, et les ruines du château. *Hôtel* : the Black-Lion. Pop. 3,400 h.

Nº 41.   DE LONDRES A CARLISLE.

1ʳᵉ route, par Hatfield, Worksop et Doncaster.

De *Londres* à *Carlisle** (nº 82), 303 m. ¹/₄.
De *Carlisle* à *Bowness* (Cumberland), 13 m.
De *Carlisle* à *Burgh*, 4 m. ¹/₂.
De *Carlisle* à *Wetheral*, 4 m. ¹/₂.

N⁰ 42.   DE LONDRES A CARLISLE.

2ᵉ route, par Northampton, Manchester et Kendal

De *Londres* à *Carlisle** (n⁰ 83), 306 m. ¹/₄.
De *Carlisle* à *Brampton*, 9 m. ¹/₂.

BRAMPTON, ville très-ancienne, entourée de collines qui commandent une perspective charmante. *Hôtel :* the Howard arms. Pop. 2,448 h.

N⁰ 43.   DE LONDRES A CHERTSEY.

1ʳᵉ route, par Kingston, 21 m.

De Hyde park Corner		3 Hampton Court	11 ¹/₄
1 à Fulham	4	Walton	16 ¹/₄
2 Putney (*a*)	4 ¹/₂	Weybridge	18 ¹/₄
Kingston *	10	4 Chertsey	21

(a) De *Putney* à *Wimbleton*, 2 m. ¹/₄.

1. FULHAM, renommé pour ses fruits et légumes, qui approvisionnent Londres. *Curiosités :* l'église, le pont, le palais de l'évêque de Londres. *Hôtel :* the King's arms. Pop. 6,492 h.

2. PUTNEY, patrie de Gibbon, historien. *Curios. :* l'église et sa chapelle, et Bowling-Greenhouse, où mourut Pitt. *Hôtel :* the Red-Lion. Pop. 3,400 h.

3. HAMPTON COURT, palais royal sur la Tamise, bâti par le cardinal Wolsey : c'est un des plus beaux d'Angleterre. Tout proche est *Bushy-Park*, château du duc de Clarence. *Hôtel :* the Toy.

4. CHERTSEY, dans Surrey, sur la Tamise, qu'on traverse sur un beau pont. Cette ville est très-ancienne. *Curios. :* l'église, le marché, etc. *Hôtel :* the Crown. Pop. 4,272 h.

CONTINUATION.

De *Putney* à *Richmond*, 4 m. ¹/₂, ville située sur une colline, d'où l'on jouit d'une des plus belles vues d'Angleterre, dominant la Tamise à une grande distance. *Curios :* une multitude de belles maisons de campagne. C'était là qu'habitait Thomson. *Hôtel* : the Star and Garter. Pop. 6,000 h.

Nᵒ 44.   DE LONDRES A CHERTSEY.

2ᵉ route, par Brentford et Twickenham, 21 m.

De Hyde park Corner à				
Brentford	7 ¹/₂	Hampton	14 ¹/₄	
Twickenham	10 ¹/₄	Sunbury	16 ³/₄	
Hampton Court *	13 ³/₄	Shepperton	19	
		Chertsey *	21	

Nᵒ 45.   DE LONDRES A CHERTSEY.

3ᵉ route, par Kingston et Hampton, 22 m. ½.

De Hyde park Corner à				
Hampton Court*, nᵒ 43	11 ¹/₂	Walton	17 ³/₄	
Hampton	12 ¹/₂	Weybridge	19 ¹/₂	
Sunbury	14 ¹/₂	Chertsey *	22 ¹/₂	

Nᵒ 46. DE LONDRES A CHESTER, 1ʳᵉ route, 180 m. ¾.

De Hicks's Hall à Stone				
Bridge (nᵒ 99)	99 ³/₄	2 Ternhill	151 ³/₄	
Castle Bromwich	105 ³/₄	3 Whitchurch	160 ³/₄	
Stonal (a)	115 ³/₄	Hampton guide post	167³/₄	
Ivetsey Bank	131 ³/₄	Barn hill	170 ¹/₄	
1 Newport	139 ³/₄	4 Chester	180 ³/₄	

(a) De *Stonal* à *Penkirdge* (Stafford), 13 m.
De *Stonal* à *Brewood*, 13 m. ¹/₄.

1. NEWPORT, dans Shrop, ville ancienne. *Curios.* : l'église et l'école gratuite. *Hôtel* : the Red-Lion. Pop. 2,343 h.

2. TERNHILL, rien de remarquable ; mais à 6 milles est *Hawkstone-Park*, digne de l'attention du voyageur.

3. WHITCHURCH, dans Shrop, jolie ville sur une éminence. *Curios.* : l'église, l'école gratuite et la maison de charité. Il s'y tient des courses. *Hôtel* : the Red-Lion. Pop. 5,376 h.

4. CHESTER, capitale du comté de Ches ; ville ancienne bâtie

sur des rochers, presque entourée par la Dee. Plusieurs des rues ont des constructions qu'on ne trouve dans aucune autre ville d'Angleterre. Commerce considérable en toile d'Irlande, fromage, etc. *Curios.* : le château, le magasin à poudre, l'intendance, la prison, la cathédrale, chapter house (maison du chapitre), les ruines de l'abbaye de Werbourgh, le palais de l'évêque, l'église Saint-Jean, qu'on dit bâtie en 689; la chambre de commerce, bâtie en 1815; le pont sur la Dee, etc. *Hôtels* : the Albion, the Golden-Lion. Pop. 20,000 h.

A 3 milles $^1/_2$ est *Eaton-hall*, château du comte de Grosvenor, sur les bords de la Dee, qui mérite l'attention du voyageur.

CONTINUATION.

De *Castle Bromwich* à *Sutton* (Coldfield), 5 m. $^1/_4$.
De *Chester* à *Great Neston*, 10 m. $^1/_4$.
De *Great-Neston* à *Parkgate*, 1 m. $^1/_4$.

N° 47. DE LONDRES A CHESTER.

2ᵉ route, par Coventry, Lichfield, Stone et Nantwich, 183 m. $\frac{3}{4}$.

De Hicks's Hall à Stone		Willow Bridge	152 $^1/_4$
Bridge (n° 99)	99 $^1/_4$	Nantwick	163 $^1/_2$
Stone * (n° 122)	140 $^1/_2$	Chester * (n° 46)	183 $^1/_4$

N° 48. DE LONDRES A CHESTER.

3ᵉ route, par Coventry, Lichfield et Strafford, 183 m. $\frac{3}{4}$.

De Hicks's Hall à Stone		Rudgley	126 $^1/_4$
Bridge (R. de Holyhead)	99 $^1/_4$	Chester	183 $^1/_4$

N° 49. DE LONDRES A CHESTER.

4ᵉ route, par Dunstable, Northampton et Stafford.

De *London* à *Chester* *, 189 m. $^1/_4$. (*V.* n° 100.)

7*

N° 50. DE LONDRES A CHICHESTER.
1ʳᵉ route, par Guildford et Midhurst, 62 m.

De Stone's end Borough				
à Godalming*(n° 9)	33 ¹/₂		Midhurst	50
Haslemere	42 ¹/₄	1	Chichester	62

1. CHICHESTER, dans Sussex, ville très-ancienne, sur un bras de mer, ce qui la rend très-commerçante. *Curios.* : la cathédrale, bâtie dans le 12ᵉ siècle; la chapelle Saint-Richard, le palais de l'évêque, la chapelle Saint-Jean, fondée en 1813; la maison du conseil, le théâtre, etc. *Hôtel* : the Dolphin, the Swan. Pop. 7,362 h.

De Chichester à *Bognor*, 7 m. ¹/₂, place agréablement située pour les bains qui sont très-fréquentés. *Curios* : la chapelle, le croissant. *Hôtel* : the Hotel.

N° 51. DE LONDRES A CHICHESTER.
2ᵉ route, par Guildford et Petworth, 63 m. ¹/₄.

De Stone's end Borough à				
Petworth*(n° 9)	49	1	Halnaker	60 ¹/₂
			Chichester*	63 ¹/₄

1. HALNAKER, dans Sussex, peu importante. *Curios.* : l'église, Goodvood, château de la famille Richmond. À l'opposite du château est placée la tête du lion qui ornait le vaisseau dans lequel lord Anson fit le tour du monde. *Hôtel* : the Golden-Lion. Pop. 2,100 h.

N° 52. DE LONDRES A CROMER.
1ʳᵉ route, par Hockeril et East-Dercham, 130 m.

De Shoreditch church à				
Great Chesterford (*V.*			Barton Mills	69 ¹/₄
3ᵉ r. de Cambridge.)	44 ¹/₄		Brandon	78 ¹/₂
Bourn Bridge	49 ¹/₄		Watton	91 ¹/₄
Devil's ditch	58 ³/₄	2	East-Dercham (*b*)	101 ¹/₂
1 New Market (*a*)	71		Reepham	112 ³/₄
		3	Cromer	130

(a) De *Neumarket* à *Bury-Saint-Edmund's*, 13 m. ¹/₂.
(b) De *East Dercham* à *Foulsham*, 9 m. ¹/₂.

1. New Market est une des places les plus fameuses d'Angleterre pour les courses de chevaux, qui s'y tiennent sept fois par an. La ville est bien bâtie et dans une belle situation. *Curios.* : le château royal. *Hôtel :* the Greyhound. Pop. 2,515 h.

2. East Dercham, dans Norfolk, ville d'une grande antiquité. *Curios.* : l'église, où est enterré le poète Cowper ; le marché et l'obélisque. *Hôtel :* the George. Pop. 3,273 h.

3. Cromer, petite ville sur un des plus hauts rochers des côtes de Norfolk. La plupart des habitans sont pêcheurs ; elle est fréquentée pour ses bains. *Curios.* : l'église et l'école de grammaire. *Hôtels :* the New inn, the King's head. Pop. 1,033 h.

CONTINUATION.

De New Market à *Mildenhall*, 9 m. $^{1}/_{4}$, ville agréable et bien bâtie, sur le Leak. *Curios.* : l'église. *Hôtel :* the Cock. Pop. 2,974 h.

> De *Brandon* à *Methwold*, 6 m.
> De *Methwold* à *Linn*, 19 m.

> De *Watton* à *Hingham*, 6 m. $^{1}/_{2}$.

> De *East Dercham* à *Holt*, 18 m.
> De *Holt* à *Cley*, 4 m. $^{1}/_{2}$.

N⁰ 53.   **DE LONDRES A CROMER.**

2⁴ route, par Hockeril, Thetford et Norwich, 132 m. $\frac{1}{4}$.

De Shoreditch church		Attleborough	94
à Great Chesterford		Wymondham	100
(3⁰ r. de Cambridge)	44 $^{3}/_{4}$	2 Norwich	109
Barton-Mills	69 $^{3}/_{4}$	North-Walsham	123
1 Thetford (*a*)	80	Cromer *	132 $^{1}/_{4}$

(a) De *Thetford* à *Watton*, 12 m.

1. Thetford, dans Norfolk, ville autrefois considérable, mais bien déchue. *Curios.* : l'église Saint-Pierre, Sainte-Marie, et Saint-Cuthbert ; les ruines de l'abbaye, la maison-de-ville, et les bains, construits en 1819. *Hôtel :* the Bull (la Cloche). Pop. 2,922 h.

2. Norwich, capitale du comté de Norfolk, sur le Wensum, rivière, jolie ville très-florissante. *Commerce* : étoffes de tous genres, schalls. *Curios.* : la cathédrale, fondée en 1096 ; la porte d'Erpingham, Saint-Peter's Mancroft, l'église Saint-Julien, le théâtre, la nouvelle prison, etc. *Hôtels* : the Angel, the Maid's head. Pop. 50,288 h.

CONTINUATION.

De *Thetford* à *East Harling*, 9 m. ¹/₄.

N° 54. DE LONDRES A SAINT-DAVID'S.

1ʳᵉ route, par Oxford, Gloucester et Caermarthen, 264 m.

De Tiburn Turnpike à		1 Narberth	238
Caermarthen*(n° 31)	216	2 Haverfordwest	248 ¹/₄
Saint-Clears	225 ¹/₄	Roche Castle	255
Tavernspite	232 ¹/₂	3 Saint-David's	264

1. Narberth, jolie petite ville, situation pittoresque. *Curios.*: les ruines du château et l'église. *Hôtel:* the Stag. Pop. 2,295 h.

2. Haverfordwest, sur le Cleddau. *Curios.*: la maison de justice et la prison. *Hôtel :* the Castle. Pop. 4,055 h.

3. Saint-David's, dans Pembroke, ville ancienne et très-déchue. *Curios.* : la cathédrale, le palais épiscopal et la chapelle Sainte-Marie. *Hôtel :* the Red-Lion. Pop. 2,240 h.

De Haverfordwest à *Milfordhaven*, 7 m. ¹/₂, ville moderne bien bâtie, dont le havre passe pour le meilleur de l'Europe. *Curios.* : l'église, fondée en 1808 ; la douane, l'observatoire, les chantiers et le quai. *Hôtel :* the New-Hotel. Pop. 4,200 h.

N° 55. DE LONDRES A SAINT-DAVID'S.

2ᵉ route, par Oxford, Gloucester, Cardigan, 265 m. ¼.

De Tiburn Turnpike à		Newport	242 ¹/₄
Llandovery * (n° 31)	186 ¹/₄	Fishguard	249 ¹/₄
Cardigan *	231 ¹/₄	Saint-David's *	265 ¹/₄

N° 56.   DE LONDRES A DEAL.

1re route, par Canterbury, 72 m.

| De London Bridge à | | | 1 Deal | 72 |
| Canterbury * (n° 62) 55 ¹/₄ | | | | |

1. DEAL, dans Kent, ville très-commerçante, mais mal bâtie : c'est le point de départ pour les Indes. *Curiosités :* l'hospice de la marine, le château. *Hôtels :* the Three-Kings, the royal Exchange. Pop. 6,811.

N° 57.   DE LONDRES A DEAL.

2e route, par Canterbury et Sandwich, 74 m. ¼.

| De London Bridge à | | | 1 Sandwich | 68 |
| Canterbury * (n° 62) 55 ¹/₄ | | | Deal * | 74 ¹/₄ |

1. SANDWICH, sur la Stour, rivière, dans Kent; son port est maintenant peu fréquenté ; à 2 milles est *Richborough Castle*, qu'on a bâti sous Jules-César. *Hôtel :* the Bull. Pop. 3,000 h.

N° 58.   DE LONDRES A DEDDINGTON,

par Hygh-Wycombe, 69 m. ½.

De Tyburn Turnpike à			Islip	56 ¹/₂
Wheatley * (n° 31) 48 ¹/₂			1 Deddington	69 ¹/₂
Forest-Hill 50 ¹/₄				

1. DEDDINGTON, dans Oxford, jolie petite ville renommée pour sa bière et pour deux sources médicinales. *Curiosité :* l'église. *Hôtel :* the George. Pop. 1,420 h.

N° 59.   DE LONDRES A DENBIGH.

1re route, par Saint-Alban's, Coventry, Birmingham, Shrewsbury et Ruthin, 205 m. ½.

| De Hicks's Hall à Llan- | | | 1 Ruthin | 197 ¹/₂ |
| gollen * (n° 99)   184 | | | 2 Denbigh | 205 ¹/₂ |

Au-delà de *Llangollen*, le voyageur entre dans la délicieuse vallée de *Clwyd*.

1. RUTHIN, dans Denbigh, ville assez bien bâtie sur le penchant
d'une colline. *Curiosités :* l'église , la prison , la maison-de-ville
et les restes du château. *Hôtels :* the White-Lion. Pop. 1,294 h.

2. DENBIGH, capitale du comté, situation très-pittoresque sur
la pente d'un rocher qui domine le val de *Clwyd. Curiosités :*
les ruines du château , bâti sous Edouard I ; l'église et la maison-de-ville. *Hôtels :* the Bull , the Crown. Pop. 3,195 h.

N° 60.   DE LONDRES À DENBIGH.

2° route, par Saint-Alban's, Northampton , Stafford et Chester , 217 m. $\frac{1}{2}$.

De Hicks's Hall à Chester* (*V*. r. de Holyhead)	189 $^1/_4$		1 Mold (*a*)	201 $^1/_4$
			Pont Ruffyth	213
			Denbigh.*	217 $^1/_2$

(a) De *Mold* à *Ruthin* * , 8 m. $^1/_2$.

1. MOLD , dans Flint, petite ville, mais fort jolie. *Commerce :*
manufactures de coton. *Curiosités :* l'église et une colonne élevée en l'honneur de George III. *Hôtel :* the Black-Lion. Pop.
7,320 h.

N° 61.   DE LONDRES À DERBY ,
par Dunstable, Northampton et Leicester.

De *Londres* à *Derby*, 126 m. $^1/_2$. (*V*. n° 83.)
De *Derby* à *Wirksworth*, 14 m.

Cette ville est d'une grande antiquité et n'est presque habitée
que par les personnes employées aux mines. *Curiosités :* la
maison-de-ville, l'église et l'école gratuite. Elle possède deux
sources minérales. *Hôtel :* the George. Pop. 7,315 h.

De *Derby* à *Alfreton*, 14 m.
1. D'*Alfreton* à *Chesterfield* *, 10 m. $^1/_4$.

1. ALFRETON , jolie petite ville. *Commerce :* bas et poteries.
Hôtel : the Lion. Pop. 4,689 h.

De *Derby* à *Peacock inn*, 14 m. ¹/₄.
De *Peacock* à *Chesterfield* *, 10 m.

———————

De *Derby* à *Peacock inn* , 14 m. ¹/₄.
De *Peacock inn* à *Alfreton* *, 2 m.

———————————————————

Nº 62.   DE LONDRES A DOVER,
par Rochester et Canterbury, 71 m.

De London Bridge à			
1 Deptford	4	**4** Rochester	29
Blackheath	5 ¹/₄	**5** Chatham	30 ¹/₄
Shooters's hill	8 ¹/₄	Sittingbourne	39 ³/₄
Crayford	13 ¹/₄	Ospringe	46
2 Dartford	14 ³/₄	**6** Canterbury (*a*)	55 ¹/₄
Northfleet	20 ¹/₄	Bridge (*b*)	59
3 Gravesend	21 ³/₄	Ewell	67 ¹/₂
Gad's hill	26	**7** Dover	71

(a) De *Canterbury* à *Elcham* (Kent), 10 m. ¹/₂.
(b) De *Bridge* à *Folkstone*, 14 m.

1. DEPTFORD, sur la Tamise, bien bâtie. *Curiosités* : son abat-
toir, ses chantiers, son église et deux hôpitaux. *Hôtel* : the
White Lion. Pop. 19,862 h.

2. DARTFORD, dans Kent, sur le Darent, rivière. *Commerce* : papier,
poudre, etc. *Curiosités* : les ruines d'un monastère fondé sous
Édouard III, l'église. C'est dans cette ville que la rébellion de
Wat-Tyler commença. *Hôtel* : the Bull. Pop. 3,593 h.

3. GRAVESEND, dans Kent, sur la Tamise : cette ville est très-
commerçante. *Curiosités* : la maison-de-ville, l'église et les bains :
la communication avec Londres se fait en 3 heures par le moyen
de bateaux à vapeur. *Hôtel* : the Falcon. Pop. 3,814 h.

4. ROCHESTER, dans Kent, sur la Medway, rivière qu'on traverse sur un pont de pierre. *Curiosités* : les ruines du château,
la cathédrale, les archives, la maison-de-ville, le théâtre, etc.
Hôtels : the Crown, the Bull. Pop. 9,309 h.

5. CHATHAM, dans Kent, grande et belle ville. *Curiosités* : les
chantiers et l'arsenal de la marine, l'hôpital, l'église, le théâtre, etc. *Hôtels* : the Mitre, the Sun. Pop. 14,754 h.

6. CANTERBURY, capitale de Kent, sur la Stour, rivière. Cette

ville est le siége métropolitain d'Angleterre. *Curiosités :* la cathédrale, dont le chœur est le plus grand qu'il y ait en Angleterre ; les ruines de l'abbaye Saint-Augustin, celles du château, l'église Saint-Martin, l'école de grammaire, la maison-de-ville ; Dane John, promenade magnifique ; la maison de justice, etc. *Hôtels :* the Fountain, the King's-Head. Pop. 12,745 h.

7. DOVER (DOUVRES), dans Kent, port de mer. Cette ville est située daus une vallée entourée de collines garnies de fortifications : c'est de cette place qu'on s'embarque pour la France. *Curiosités :* le château, le port, la digue, l'église Sainte-Marie, la maison-de-ville, la banque, etc. *Hôtels :* Wright's hotel, the York hotel. Pop. 10,327 h.

CONTINUATION.

De *Deptford* à *Greenwich*, 1 m.
1. De *Greenwich* à *Woolwich*, 3 m.
2. De *Woolwich* à *Erith*, 5 m. $^1/_2$.

1. GREENWICH, sur la rive sud de la Tamise. *Curiosités :* l'hôpital, ou l'hôtel des invalides pour les marins ; l'observatoire, l'asile des enfans des marins, les deux églises, le parc pour les beaux points de vue ; en général, cette ville est une des premières qu'un voyageur curieux doit visiter. *Hôtel :* The Ship. Pop. 40,574 h.

2. WOOLWICH, sur la Tamise. *Curios. :* le chantier et l'arsenal de la marine, la caserne de l'artillerie, celle de la marine, la nouvelle école militaire. *Hôtel :* the Crown and Anchor. Pop. 17,008 h.

De *Ospringe* à *Faversham*, 1 mille.

Cette ville est très-ancienne, sur la Swale, rivière. Commerce considérable en huîtres, blé, houblon et laine. *Curios. :* l'église, le théâtre, l'école de grammaire et le marché. *Hôtel :* the Ship. Pop. 4,208 h.

Nº 63.　　　DE LONDRES A DURHAM.

1re route, par Huntingdon, Tuxford, Doncaster et Darlington.

De *Londres* à *Durham* *, 255 m. $^1/_4$. (*V.* nº 1.)

Nᵒ 64.   DE LONDRES a DURHAM.

2ᵉ route, par Huntingdon, Doncaster et Stockton, 249 m. $\frac{1}{4}$.

De Shoreditch church à		Yarm	234
Dishfort * (*V*. nᵒ 1)	206	2 Stockton (*b*)	237 '/.
1 Thirsk	114	Sedgefield	248 '/.
Cleaveland (*a*)	226	Durham *	249 '/.

CONTINUATION.

De *Thirsk à Northallerton*, 8 milles '/..

1. THIRSK, dans York, ville agréable et bien bâtie, sur le Codbeck, rivière. *Curios.* : l'église, etc. *Hôtel* : the three Tuns. Pop. 2,533 h.

2. STOCKTON, dans Durham, sur la Tees, rivière qu'on traverse sur un beau pont. Cette ville est une des plus jolies du nord de l'Angleterre. *Curios.* : l'hôtel-de-ville, l'église et les chantiers. *Hôtels* : the Black Lion, the Red Lion. Pop. 5,184 h.

(*a*) De *Cleaveland à Stokesley*, 8 milles '/₂.
De *Stokesley à Guilsborough*, 8 milles '/₂.

GUILSBOROUGH, dans N. Riding de York, jolie ville dans une plaine fertile et dont les alentours sont charmans. *Curios.* : l'abbaye et l'église. *Hôtel* : the Cock. Pop. 2,180 h.

(*b*) De *Stockton à Hartlepool*, 12 m.

Petite ville et port de mer très-fréquenté dans la saison des bains. *Curios.* : la maison-de-ville, l'église, la douane et les rochers qui bordent la mer. *Hôtel* : the Georges. Pop. 1,249 h.

Nᵒ 65.   DE LONDRES a DURHAM.

3ᵉ route, par Biggleswade, Doncaster et Pierce-Bridge, 262 m.

De Hicks's hall à Scotch		Eldon	250 '/.
Corner * (nᵒ 82)	234 '/.	Merrington	253 '/.
Pierce bridge (*a*)	241 '/₂	Durham *	262

(*a*) De *Pierce bridge à Bishop's Auckland*, 9 m. '/₂

BISHOP'S AUCKLAND, dans Durham, sur la Weer, rivière. Cette ville est petite, mais jolie; résidence de l'évêque. *Curios.*: le palais, ses alentours et l'église. *Hôtels :* the Talbot. Pop. 2,180 h.

N° 66.   DE LONDRES A EAST-BOURNE.

1re route, par Uckfield, 60 m. ½.

De VVestminster bridge		VVych Cross	33 ¹/₂
à Croydon *	9 ¹/₄	Maresfield	39 ⁵/₄
Godstone Green	19	Uckfield	41 ³/₄
New Chapel Green	24 ³/₄	VVhitesmith-Green	48 ¹/₂
East-Grinstead *	28 ¹/₂	1 East-Bourne	60 ¹/₂

1. EAST-BOURNE, dans Sussex, place très à la mode pour les bains de mer. *Curios.* : l'église, le théâtre, et les rochers qui bordent la mer; on trouve aussi des sources minérales. *Hôtels :* the Lamb, the New inn. Pop. 2,607 h.

N° 67.   DE LONDRES A EAST-BOURNE.

2e route, par Tunbridge.

De London Bridge à			Seven Oaks Common	24 ¹/₄
1 Broomley	9 ³/₄	3 Tunbridge	30
Farnborough	13 ³/₄	4 Tunbridge VVells (a)	35 ³/₄
Madam's Court-Hill	19 ³/₄	Cross in hand	48
River Head	21 ³/₄	Horsebridge (b)	55
2 Seven Oaks	23 ¹/₂	East-Bourne *	62 ¹/₄

(a) De *Tunbridge Wells* à *Penshurst*, 6 m.
(a) De *Tunbridge Wells* à *Hastings*, 30 m. ¹/₄.
(b) De *Horsebridge* à *Hailsham* (Sussex), 1 m. ¹/₂.

1. BROOMLEY, dans Kent, sur le Ravensbourne, rivière. *Curios.* : l'église, le collége, le palais épiscopal de Rochester, et la source minérale. *Hôtels :* the Bell, the White hort. Pop. 3,147. habitans.

2. SEVEN-OAKS, ville agréable et bien située. *Curios.* : l'église, proche de la ville est Knowle Park, château de la famille Dorset, digne d'être visité. *Hôtels :* the Crown, the Royal Oak. Pop. 3,944 h.

3. TUNBRIDGE, dans Kent, sur la Medway, rivière, renommée

pour ses manufactures d'ouvrages en tour. *Curios.* : l'église, l'école de grammaire et les restes du château. *Hôtel* : the Angel. Pop. 7,406 h.

4. TUNBRIDGE WELLS, célèbre pour la salubrité de l'air et de ses eaux minérales qui attirent beaucoup de malades. *Curios.* : la maison de bains, le théâtre, la chapelle, dans les alentours, ses promenades délicieuses. *Hôtels* : Kentish, the New inn.

De *Broomley* à *Westerham*, 11 m. ¹/₂.

WESTERHAM, petite ville, patrie du général Wolf, dont on voit le monument dans l'église. *Hôtel* : the King'shead. Pop. 1,747 h.

De *Seven Oaks Common* à *Penshurt*, 7 m.

Nº 68.   DE LONDRES A EDIMBOURG.

1ʳᵉ route, par Hatfield, Worksop, Doncaster et Jedburgh, 370 m.

De Hiks's Hall à Scotch			Carter-Fell	315
Corner * (nº 82)	234 ³/₄	1	Jedburgh	325 ¹/₄
Pierce Bridge	241 ¹/₂		Newton	334
VVest Auckland	249		Fly-Bridge	336
Allan's Ford	267 ³/₄		Lauder	345
Corbridge	279 ³/₄		Falla *	355 ³/₄
Collell	286 ³/₈		Dalkeith *	363 ³/₄
Bagrave	302 ¹/₂		Edimbourg * (nº 1)	370

1. JEDBURG, capitale du comté de Roxbourg en Écosse. *Commerce* : bas, flanelle et tanneries. *Curios.* : la maison-de-ville et l'église : on y trouve des sources d'eaux minérales. *Hôtel* : the Black Bull. Pop. 5,251 h.

CONTINUATION.

De *West Auckland* à *Wolsingham*, 11 m.
De *Walsingham* à *Stanhope*, 5 m. ¹/₂.
1. De *Stanhope* à *Saint-John Weandale*, 7 m.

1. STANHOPE, dans Durham, petite ville sur la Wear, rivière, habitée par des personnes employées aux mines de plomb. *Cu-*

rios. : le castle hill et une caverne. *Hôtel* : the Bear. Pop. 7,341 habitans.

D'*Allan'sford* à *Hexham*, 15 m.
1. De *Hexham* à *Bellingham*, 15 m. ¹/₂.

1. HEXHAM, dans Northumberland, ville très-ancienne dans une belle situation sur la Tyne, rivière, renommée pour ses manufactures de souliers, de gants et chapeaux. *Curios.* : l'église, le marché, l'école de grammaire, les deux tours. *Hôtels* : the Bull, the Golden Lion. Pop. 5,436 h.

De *Newton* à *Melrose*, 2 m.

Dans le Roxburgh, renommé pour ses toiles. *Curios.* : les ruines de l'abbaye, qui fut la plus vaste du royaume *Hôtel* : the King. Pop. 3,467 h.

Nº 69.   DE LONDRES A EDIMBOURG
2ᵉ route, par Doncaster, Newcastle et Jedburg,
372 m. ¾.

De Shoreditch church à Newcastle-Upon Tyne* (nº 1)	269¹/₄	Cambo	290⁵/₄
Ponteland	277¹/₄	Bagrave	305¹/₄
		Edimbourg* (nº 1)	372⁰/₄

Nº 70.   DE LONDRES A EDIMBOURG.
3ᵉ route, par Ware, Newark et Coldstream.

De *Londres* à *Edimbourg**, 379 m. ¹/₄. (*V.* nº 2.)

Nº 71.   DE LONDRES A EDIMBOURG.
4ᵉ route, par Ware, Tuxford et Berwick.

De *Londres* à *Edimbourg**, 393 m. (*V.* nº 1.)

N° 72.   DE LONDRES A EDIMBOURG.
5e route, par Hatfield, Doncaster, Carlisle et Selkirk, 393 m. ¼.

De Hicks's Hall à Long-			3 Selkirk	358
town* (n° 82)	312 ¹/₄		Bankhouse Inn	373
1 Langholm	324		Middleton	381 ¹/₂
Mosspaul-Green-			Laswade	388
Inn	334		Edimbourg	393 ¹/₄
2 Hawick	346 ³/₄			

1. LANGHOLM, dans Dumfrie, renommé pour la beauté de ses alentours, et le château du duc de Buccleugh. *Hôtel :* the George. Pop. 2,400 h.

2. HAWICK, jolie petite ville au confluent du Slitrige et du Teviot. *Comm. :* tapis, bas et draps. *Curios. :* la maison-de-ville et les nombreux châteaux qui environnent cette ville. *Hôtel :* the Buccleugh arms. Pop. 4,387 h.

3. SELKIRK, au confluent du Yarow et de l'Etterick, dont les bords présentent des sites superbes. *Curios. :* la maison-de-ville, la nouvelle prison, et les ruines des divers monumens qui sont dans les alentours. *Hôtel :* the Cross Keys. Populat. 2,696 h.

N° 73.   DE LONDRES A EXETER.
1re route, par Basingstoke, Wincaunton et Ilminster, 164 m. ½.

De Hyde Park Corner à			1 Ilminster (*a*)	133
Wincaunton*(n° 11)	108 ¹/₂		2 Honiton (*b*)	148
Cadbury	116		3 Exeter	164 ¹/₂
Ilchester	121 ¹/₂			

(*a*) De Ilminster à Chard, 5 m.

1. ILMINSTER, dans Somerset, renommé pour ses draps. *Curios. :* l'église, le marché et l'école de grammaire. *Hôtels :* the George, the Swan. Pop. 2,156 h.

2. HONITON, dans Devon, ville bien bâtie, dans une belle vallée sur l'Olter ; manufactures de dentelle. *Curios. :* l'église,

l'école de grammaire et l'hôpital. *Hôtel :* the Dolphin. Populat. 3,3oo h.

3. EXETER, capitale du comté de Devon, ville d'une grande antiquité sur l'Exe. *Curios. :* la cathédrale, du 13 et 14e siècle, le palais de l'évêque, les ruines du château de Rougemond, le pont sur l'Exe, la maison de justice, la prison, l'infirmerie, l'hospice des fous, la douane sur un beau quai, le théâtre, etc. *Hôtels :* the Halfmoon, the Old London. Pop. 23,479 h.

(*b*) De *Honiton* à *Ollery-Sainte-Marie*, 5 m. ¹/₂.

Petite ville sur l'Otter. *Curios. :* l'église dédiée à la Vierge. *Hôtel :* the Crown. Pop. 3,522 h.

N° 74.   DE **LONDRES** à **EXETER**.

2ᵉ route, par Basingstoke, Shaftesbury et Honiton, 168 m. ¼.

De Hyde Park Corner à				
Andover * (n° 11)	63 ¹/₂	3	Sherborne	116 ³/₄
1 Salisbury	81	4	Yeovil	122
2 VVilton (*a*)	84 ¹/₂		Crewkerne	131 ³/₄
Fovant	91		Chard	139 ³/₄
Shaftesbury (*b*)	101 ¹/₄		Honiton *	151 ³/₄
Milborn-Port	114 ³/₄		Exeter *	168 ¹/₄

(*a*) De *Wilton* à *Hindon* (Wilt), 12 m.
(*b*) De *Shaftesbury* à *Sturminster* (Dorset), 8 m. ¹/₄.
    De *Shaftesbury* à *Stalbridge* (Dorset), 12 m. ³/₄.
    De *Shaftesbury* à *Wincaunton*, 10 m. ¹/₄.

1. SALISBURY, capitale du comté de Wilt, ville ancienne, au confluent de l'Avon supérieur avec le Wiley et la Bourne. *Curios. :* la cathédrale, la place du marché, la maison du chapitre, le palais de l'évêque, la maison du conseil, l'infirmerie, la nouvelle prison, le théâtre, etc. *Hôtels :* the Antelope, the King's arms. Pop. 8,763 h.

2. WILTON, dans Wilt, au confluent de la Wiley et du Nadder, ville ancienne. *Curios. :* Wilton house, château célèbre aux comtes de Pembroke, l'église. *Hôtel :* the Crown. Pop. 2,o58 h.

3. SHERBORNE, dans Dorset, sur l'Ivel, qui la divise en deux parties. *Curios. :* la cathédrale, maintenant église, le château, *Therborn-Iastle*, château du comte de Derby. *Hôtel :* the Antelope. Pop. 3,622 h.

4. YEOVIL, dans Somerset, dans une belle vallée arrosée par l'Ivel; manufactures d'étoffes, de gants, etc. *Curios.*: le marché, l'église et les alentours. *Hôtel:* the Mermaid. Pop. 4,655 h.

N° 75. DE LONDRES A EXETER.

3e route, par Staines, Andover et Dorchester.

*Andover**, 63 m. $^1/_2$. (*V.* n° 11.)
*Exeter**, 172 m. $^5/_4$. (comme n° 111.)

N° 76. DE LONDRES A EXETER.

4e route, par Bath et Wells, 182 m.

De Hyde park corner à		Taunton *	151 $^1/_4$
Bath * (n° 32)	105 $^5/_4$	VVellington *	158 $^1/_4$
Old-Down-Inn	117 $^5/_4$	Maiden down	162 $^5/_4$
1 VVells	124	3 Collumpton	170 $^1/_2$
2 Glastonbury	129 $^1/_2$	Bradnich	173
Piper's inn	134 $^1/_2$	Exeter	182
Eastling	143 $^1/_4$		

1. WELLS, dans Somerset, petite ville bien bâtie. *Curios.*: la cathédrale, un des plus beaux modèles d'architecture gothique du royaume, l'évêché, la maison du chapitre, l'église Saint-Cuthbert, et les alentours très-pittoresques. *Hôtel:* the Christopher. Pop. 5,888 h.

2. GLASTONBURY, dans Somerset. *Curios.*: l'abbaye où sont enterrés les rois Arthur, Edgard, et plusieurs prélats; la croix, dans le milieu de la ville; l'église Saint-Jean, celle de Saint-Benedict, etc. *Hôtels:* the White hart, the George. Populat. 3,364 h.

3. COLLUMPTON, dans Devon, sur la Columb, rivière qui abonde en truites et anguilles. Commerce considérable en étoffes de laine. *Curios.*: l'église. *Hôtel:* the Half Moon. Pop. 3,410 h.

CONTINUATION.

D'*Exeter* à *Dawlish*, 13 m.
De *Dawlish* à *Teignmouth*, 3 m. $^1/_4$.

TEIGNMOUTH, dans Devon, ville ancienne, une des plus fré-

quentées pour les bains, par sa situation à l'embouchure de la
Teign, qui la divise en deux parties. *Curios.* : les deux églises,
le théâtre et les promenades. *Hôtel :* the London. Pop. 4,000 h.

N° 77.   DE LONDRES A EXMOUTH,
par Basingstoke, Dorchester et Sidmouth, 166 m. ¾.

De Hyde park corner à		Colyford (a)	149 ⁵/₄
Andover * (n° 11)	63 ¹/₂	Sidmouth	158 ¹/₄
Bridport * (n° 111)	134 ¹/₄	East-Budleigh	162
Charmouth	141 ¹/₂	1 Exmouth	166 ¹/₄
Lyme-Regis	143 ¹/₄		

1. EXMOUTH, dans Devon, à l'embouchure de l'Exe, rivière.
C'est une des villes les plus fréquentées pour les bains, jouissant
d'un climat très-doux, étant entourée de collines charmantes.
Hôtels : the Globe, the London. Pop. 2,841 h.

   (a) De *Colyford* à *Colyton*, 1 m.
   (a) De *Colyford* à *Sidford*, 9 m. ¹/₂.
      De *Sidford* à *Woodbury*, 8 m.
      De *Woodbury* à *Topsham*, 3 m.

N° 78.   DE LONDRES A FALMOUTH.
1re route, par Andover, Dorchester, Exeter et Bodmin, 269 m. ¼.

De Hyde park corner à Andover *, 63 m. ¹/₂. (*V.* n° 11.

St-Michel * (*V.* n° 111)	250	Penryn	266
1 Truro	257	2 Falmouth	269 ¹/₄

1. TRURO, capitale du Cornwall, belle ville, au confluent du
Kenwyn et du Saint-Allen. Commerce considérable en étain,
cuivre, etc. *Curiosités :* l'église Sainte-Marie, l'infirmerie, le
théâtre et la salle d'assemblée : c'est la patrie de Foot, comé-
dien. *Hôtel :* the King's-Arms. Pop. 2,712 h.

2. FALMOUTH, dans Cornwall, port de mer considérable,
capable de contenir les plus forts vaisseaux. *Curiosités :* le port,
les chantiers et les fortifications. *Hôtel :* the King's-Arms. Pop.
4,400 h.

N° 79. DE **LONDRES** A **FALMOUTH.**

2ᵉ route, par Exeter et Plymouth, 280 m.

De Hyde park corner à Andover*, 63 m. ¹/₂. (*V*. n° 11.)

	Exeter* (*V*. n° 111)	172 ³/₄		Saint-Anthony (*b*)	221 ¹/₂
	Clopton-bridge	177 ¹/₄		Liskeard	234 ¹/₄
	Chudleigh	182		Lostwithiel	246
1	Ashburton (*a*)	191 ¹/₄	4	Saint-Austle (*c*)	254 ¹/₄
	Ivy-bridge	204 ¹/₂		Grampound	260 ¹/₄
	Ridgway	211		Truro*	267 ³/₄
2	Plymouth	215 ³/₄		Penryn	276 ³/₄
3	Plymouth-Dock	217 ³/₄		Falmouth*	280

(*a*) De *Ashburton* à *Totness* (Devon), 7 ¹/₄.

1. ASHBURTON, dans Devon, jolie petite ville. *Curiosités :* l'é-glise, les mines d'étain et de cuivre, aux environs. *Hôtel :* the London. Pop. 3,403 h.

2. PLYMOUTH, au confluent de la Plym et de la Tamar dans la mer, formant un excellent port : c'est un des principaux arsenaux pour la marine anglaise. *Curiosités :* le théâtre, et l'hôtel dans Gemgesheet ; *the Breakwater*, un des plus grands travaux des temps modernes ; l'église Saint-Andrew, celle de Saint-Charles, l'hôtel-de-ville, la bibliothèque. *Hôtels :* the Globe, the King's-Arms.

3. PLYMOUTH DOCK, cette ville toute moderne doit son origine aux arsenaux et chantiers, qui passent pour être les plus beaux du monde. *Curiosités :* les deux églises, deux chapelles, le marché, la maison de charité, la salle du conseil, le théâtre, les fortifications, la colonne en l'honneur de George IV, fondée en 1824. *Hôtels :* the Fountain, the King's-Arms. Pop. 61,212 h.

4. SAINT-AUSTLE, dans Cornwall. *Curiosités :* l'église, the *Font*, et plusieurs temples. *Hôtel :* the White-Hart. Pop. 6,175 h.

(*b*) De *Saint-Anthony* à *Saint-German's*, 5 m. ¹/₂, petite ville agréablement située sur une baie. *Curiosité :* l'ancienne cathé-drale. Pop. 2,404 h.

De *Saint-Anthony* à *East-Looe*, 9 m. ¹/₂.
De *East-Looe* à *Fowey*, 8 m. ¹/₄.

(*c*) De *Saint-Austle* à *Tregony*, 8 m.
De *Tregony* à *Saint-Mawes*, 9 m. ¹/₂.

N° 80.   DE LONDRES a FLINT,
par Daventry, Birmingham et Wrexham, 199 m. ¾.

De Tyburn Turnpike à Shrewsbury *, 153 m. ¹/₄. (*V*. n° 99.)

Ellesmere (*a*)	169 ¹/₂		Caergwrle	187 ¹/₄
Marchweal	179 ¹/₂		Mold (*b*)	193 ³/₄
1 Wrexham	181 ³/₄		2 Flint	199 ³/₄

   (*a*) De *Ellesmere* à *Llangollen* (Denbigh), 13 m. ¹/₂.
   (*b*) De *Mold* à *Holywell* (Flint), 9 m. ¹/₁.
   (*b*) De *Mold* à *Cærwis*, 10 m.

1. WREXHAM, dans Denbigh, ville bien bâtie, renommée pour ses foires. *Curiosités :* l'église du 15ᵉ siècle, et sa tour, la maison-de-ville, le marché et l'école gratuite. *Hôtels :* the Eagles, the Red-Lion. Pop. 11,081 h.

2. FLINT, capitale du comté de Flint, ville presque déserte, excepté dans l'été, pour ses bains. *Curiosités :* les ruines du château et la nouvelle prison. *Hôtel :* the George. Pop. 1,612 h.

N° 81.   DE LONDRES a FOLKSTONE,
par Maidstone et Hythe, 70 m.

De London-Bridge à Lee	5 ³/₄		1 Maidstone	34 ¹/₂
Eltham	8		Lenham (*b*)	44
Foot's Cray	12		2 Ashford	53 ¹/₂
Farningham	17 ¹/₄		Hythe	65 ¹/₂
Wrotham (*a*)	24		Sandgate	68 ¹/₄
Wrotham-heath	26 ¹/₂		3 Folkstone	70

   (*a*) De *Wrotham* à *West-Mailling* (Kent), 1 m. ¹/₄.
   (*b*) *Lenham* à *Wye*, 11 m.

1. MAIDSTONE, considérée comme capitale du comté de Kent, sur la Medway; commerce considérable en papier, houblon, blé, bière, porter et fils. *Curiosités :* l'intendance, la prison, le théâtre, l'église et les ruines d'un ancien palais; à 5 m. est Leeds-Castle, joli château. *Hôtels :* the Bell, the Star. Pop. 12,508 h.

2. ASHFORD, dans Kent, sur deux branches de la Stour, sur

lesquelles il y a un beau pont. *Curiosités :* l'école de grammaire et l'église. *Hôtel :* the Saracen's-Head. Pop. 2,773 h.

3. FOLKSTONE, ville mal bâtie. *Curiosités :* l'église, l'école de charité, les alentours très-beaux. *Hôtel :* the Folkstone-Arms. Pop. 4,541 h.

CONTINUATION.

De *Eltham* à *Chislehurst*, 3 m. $^1/_4$.
De *Chislehurst* à *Sainte-Marie-Cray*, 2 $^1/_2$.

N° 82.   DE LONDRES A GLASGOW.
1re route, par Hatfield, Worksop et Carlisle, 404 m. ¼.

	De Hicks's hall à			York-Gate	215
	Islington	1 $^1/_2$		Leeming-Lane	220
	High Gate	4 $^1/_2$		Leeming (*d*)	223
	Barnet	11		Catterick	229 $^1/_2$
	Hatfield	19 $^1/_2$		Catterick-bridge	230 $^1/_2$
	Welwyn	25		Scotch Corner	234 $^3/_4$
	Stevenage	31 $^1/_2$		Greta bridge	244 $^1/_4$
	Baldock	37 $^1/_4$		Bowes	250 $^1/_2$
	Biggleswade (*a*)	45		Brough (*e*)	263 $^1/_2$
1	St-Neot's	55 $^1/_2$	4	Appleby	271 $^3/_4$
	Buckden	60 $^1/_2$		Crackenthorp	273 $^3/_4$
	Alconbury	66 $^1/_4$		Lowther Bridge	283
	Stilton *	75	5	Penrith	285 $^1/_4$
	VVandsford *	83 $^3/_4$		High-hesket	294 $^1/_2$
	Stamford *	89 $^3/_4$	6	Carlisle	303 $^1/_4$
	Greetham *	97		Longtown	312 $^1/_4$
	Grantham *	110 $^3/_4$		Gretna Green	317
	Foston *	116 $^1/_2$		Ecclesfecham	326
	Newark *	124 $^3/_4$		Lockerby	332
2	Ollerton *	138		Dinwoodie Green	336 $^3/_4$
3	VVorksop (*b*)	146 $^3/_4$		Moffat	347 $^3/_4$
	Tickhill	156 $^1/_4$		Crawford-new-inn	363 $^1/_4$
	Doncaster *	163 $^3/_4$		Douglas-mill	375 $^1/_4$
	Ferrybridge	179		Lark-hall	389 $^3/_4$
	Abberford	188 $^1/_4$	7	Hamilton	393 $^1/_4$
	VVetherby	195 $^3/_4$	8	Glasgow	404 $^1/_4$
	Borough bridge (*c*)	207 $^3/_4$			

(*a*) De *Biggleswade* à *Potton* (Bedford), 4 m. ¹/₂.
(*b*) De *Worksop* à *Blyth* (Nottingham), 6 m.
     De *Worksop* à *Sheffied* (York), 18 m.
(*c*) De *Boroughbridge* à *Aldborough* (York), 1 m.
(*d*) De *Leeming* à *Bedale* (York), 5 m.
(*e*) De *Brough* à *Kirby-Stephen*, 5 m.

1. Saint-Neot's, dans Huntingdon, belle situation sur l'Ouse, qu'on traverse sur un beau pont. *Curiosité* : l'église. *Hôtel :* the Falcon. Pop. 2,277 h.

2. Ollerton, dans Nottingham : rien de curieux; mais à 2 m. est *Rufford-Abbey*, Thoresby park, château du comte de Manvers. Avant d'arriver à Worksop, on trouve les magnifiques châteaux de *Clumber park*, au duc de Newcastle; *Welbech-abbey*, au duc de Portland; *Worhsop manor*, habité par le comte de Surrey.

3. Worksop, jolie ville dans une belle situation. *Curiosités :* l'abbaye, la maison-de-ville. *Hôtel :* the George. Pop. 4,567 h.

4. Appleby, cap. du comté de Wertmoreland, presque entourée par l'Eden, rivière. *Curiosités :* l'obélisque, le château, l'église, le marché, construit en 1811; la maison-de-ville, la prison et l'hôpital. *Hôtel :* the Crown. Pop. 2,341 h.

5. Penrith, dans Cumberland, ville ancienne. *Curiosités :* le cimetière, l'église, le musée d'histoire naturelle et les ruines du château. A 4 milles est *Graystoch Castle*, au duc de Norfolk. *Hôtels :* the Crown, the George. Pop. 5,385 h.

6. Carlisle, capitale du Cumberland, ville ancienne, dans une belle prairie arrosée par l'Eden, le Calden et le Peteri. *Curiosités :* le château, la maison de justice, bâtie en 1810; la maison du gouverneur, la cathédrale. *Hôtels :* the Bush, the Blue Bell. Pop. 15,476 h.

7. Hamilton, dans Lanarck, au confluent de la Clyde et de l'Avon. *Curiosités :* l'église, la maison-de-ville et la prison; tout proche est *Hamilton palace*. *Hôtel :* the Hamilton-Arms. Pop. 7,613 h.

Le voyageur traverse la Clyde à Bothwell-Bridge, fameux par la défaite des Wighs par l'armée de Charles II.

8. Glascow, dans une plaine sur la Clyde. *Curiosités :* l'université et tous ses colléges, la cathédrale, l'église Saint-George, celle de San-Andrew, la chapelle épiscopale, la chapelle catholique, l'église Saint-Enoch, l'institution Anderson, la maison-de-ville, la prison, les salles d'assemblée, le théâtre, l'hôpital de la ville, l'infirmerie générale, l'hospice des fous, etc. *Hôtels :* the Black Bull, the Star. Pop. 147,048 h.

CONTINUATION.

De *Greta Bridge* à *Barnard-Castle*, 3 m.
De *Barnard-Castle* à *Middleton inn Teasdale*, 9 m. ¹/₂.

N° 83. DE LONDRES A GLASGOW.

2ᵉ route, par Northampton, Manchester, Carlisle
et Sanquhar, 415 m. ¾.

	De Hicks's Hall à		11	Manchester	186
	Islington	1 ¹/₂		Bolton (*e*)	197 ¹/₂
	Highgate (*a*)	4 ¹/₂	12	Chorley	209
	Barnet	11	13	Preston	218 ¹/₄
	South-Mims	14 ³/₄		Garstang	229 ¹/₄
1	Saint-Alban's	21		Borough	237 ³/₄
2	Dunstable (*b*)	33 ¹/₂	14	Lancaster	240 ¹/₂
3	Woburn (*c*)	42 ³/₄		Burton	251 ¹/₂
	Newport Pagnell	51 ¹/₂	15	Kendal	262 ¹/₂
	Horton	60		Shap	278
	Queen's Cross	64 ¹/₂		Penrith*	288 ¹/₂
4	Northampton	66 ¹/₂		Carlisle*	3o6 ²/₂
	Great Oxendon	81 ¹/₄		Longtowon	315 ¹/₂
	Market Harborough	83 ³/₄		Gretna Green	320 ¹/₄
5	Leicester	98 ¹/₄		Annan	328 ¹/₂
	Mountsorrel	105 ¹/₂	16	Dumfries	344
6	Loughborough	109 ³/₄		Thornhill	358 ¹/₂
	Alvaston	123 ¹/₂	17	Sanquhar	370 ¹/₂
7	Derby	126 ¹/₂		Muirkirk	386 ¹/₂
	Ashbourn	140		Strathaven	399 ³/₄
8	Leek (*d*)	155		Kilbridge	407 ³/₄
9	Macclesfield	167 ³/₄		Rutherglen	413
	Bullock-Smithy	177		Glasgow *	415 ³/₄
10	Stockport	179 ³/₄			

CONTINUATIONS.

(*a*) De *Highgate* à *Islinehley*, 2 m. ¹/₂.
(*b*) De *Dunstable* à *Ampthill* (Bedford), 11 m. ¹/₂.
(*c*) De *Woburn* à *Ampthill*, 7 m. ¹/₂.

(*d*) De *Leek* à *Congleton*, 10 m. ¹/₄.

(*e*) De *Bolton* à *Blackburn*, 12 m. ¹/₂.

1. SAINT-ALBAN's, dans Hertford, ville d'une grande antiquité. *Curiosités* : l'église anciennement attachée à une abbaye, l'église Saint-Michel, celle de Saint-Pierre ; *Holywell-house* (château de la famille Spencer), et les restes de l'ancienne Verulam, célèbre du temps des Romains. *Hôtel* : the Angel. Pop. 4,472 h.

2. DUNSTABLE, dans Bedford, renommé pour ses bonnets et panniers en paille plate. *Curiosité* : l'église. *Hôtel* : the Crown. Pop. 1,831 h.

3. WOBURN, dans Bedford, jolie petite ville. *Curiosités* : l'église, le marché et l'école gratuite. Proche cette ville est *Woburn abbey*, résidence du duc de Bedford, digne d'être vue par le voyageur. *Hôtel* : the George. Pop. 1,656 h.

4. NORTHAMPTON, capitale du comté de ce nom, ville sur la Nen, rivière qu'on traverse sur un beau pont. *Commerce* : bottes, souliers et laines. *Curiosités* : l'église de tous les Saints, celle du Saint-Sépulcre, de Saint-Pierre, de Saint-Gilles ; plusieurs temples, la maison-de-ville, la prison, la maison de justice, etc. ; le marché et le théâtre. *Hôtels* : the Angel, the George. Pop. 10,793 h.

5. LEICESTER, cap. du comté de ce nom, ville ancienne. *Commerce* : laines, bas, etc. *Curiosités* : les ruines de l'abbaye où le cardinal Wolsey finit ses jours dans la disgrâce ; la vieille maison, l'église Saint-Martin, celle de Sainte-Marie, la maison-de-ville, l'hôtel, la prison, le théâtre, etc. *Hôtel* : the Blue-Bell. Pop. 30,125 h.

6. LOUGBOROUGH, sur un canal entre la Trente et la Saar. Commerce considérable en bas, etc. *Curiosités* : l'église, le marché, *Courtchambert* (l'école de grammaire.) *Hôtel* : the Anchor. Pop. 7,365 h.

7. DERBY, cap. du comté de ce nom, belle ville sur la Derwent, sur laquelle est un beau pont. *Commerce* : soie en fil et étoffe. *Curiosités* : la maison-de-ville, les salles d'assemblée, le théâtre, la maison de charité, l'infirmerie, la prison, l'église de tous les Saints et un moulin à préparer la soie, qui fait mouvoir des milliers de roues. *Hôtels* : the Bell, the George. Pop. 17,428 h.

8. LEEK, dans Stafford. Commerce considérable en soie, boutons, rubans, schalls, etc. *Curiosités* : l'église et les alentours, qui présentent des sites charmans. *Hôtel* : the George. Pop. 4,855 h.

9. **Macclesfield**, dans Ches. *Commerce considérable* : soie, boutons, coton, cuivre, etc. *Curiosités* : l'église du Christ, l'école de grammaire, etc. *Hôtel* : the Macclesfield Arms. Pop. 17,746 h.

10. **Stockport**, dans Ches, sur la Mersey. Cette ville est très-ancienne et très-commerçante : coton, chapeaux. *Curiosités* : le marché, les deux églises, etc. *Hôtel* : the Bulkeley Arms. Pop. 21,726 h.

11. **Manchester**, dans Lancast, sur l'Irwell, qui communique avec la Mersey et plusieurs canaux; ce qui rend cette ville centre du commerce de l'Angleterre : toutes espèces d'étoffes en coton y sont fabriquées. *Curiosités* : l'église collégiale, le collége, l'infirmerie, la nouvelle prison, la maison bâtie en 1824, le théâtre, les salles d'assemblée, la chambre du commerce, etc. *Hôtels* : the Bruige water arms, the Bull's head. Pop. 108,016 h.

12. **Chorley**, dans Lancast, sur la Chor, rivière, jolie ville. *Commerce considérable* : coton, charbon, alun, plomb, etc. *Curiosités* : l'église et la maison-de-ville. *Hôtel* : the Royal oak. Pop. 7,315 h.

13. **Preston**, jolie ville sur la Ribble, avec deux ponts de pierre. *Commerce* : manufactures de coton. *Curiosités* : la maison-de-ville, les salles d'assemblée, la nouvelle prison et les promenades. *Hôtels* : the Black Bull, the red.Lion. Pop. 27,300 h.

14. **Lancaster**, capitale du comté, sur la Lane près de son embouchure. Commerce par mer considérable. *Curios.* : le château, place très-forte, l'église, la maison-de-ville, le théâtre, la douane, le quai et le pont. *Hôtels* : the Commercial, the King's arms. Pop. 10,144 h.

15. **Kendal**, dans Westmorland, sur le Kent. Commerce considérable, draps, bas, coton, hameçons, etc. *Curios.* : l'église, la nouvelle chapelle, le muséum, l'école gratuite et les restes du château. *Hôtels* : the King's arms, the Crown. Pop. 17,417 h.

16. **Dumfries**, capitale du comté, sur le Nith. *Curios.* : les deux ponts, l'église, la chapelle catholique, la maison-de-ville, le théâtre, la prison, etc. *Hôtels* : the George, the King's arms. Pop. 11,052 h.

17. **Sanquhar**, dans Dumfries, sur le Nith. *Curios.* : la maison-de-ville, l'église paroissiale très-ancienne, les restes du château. *Hôtel* : the New inn. Pop. 1,357.

CONTINUATIONS.

De *Dunstable* à *Leighton Buzzard*, 7 m. $^1/_2$.

De *Preston* à *Kirkham*, 8 m. $^1/_2$.
De *Kirkham* à **Blackpool**, 8 m. $^1/_2$.

De *Preston* à *Kirkham* (Lancast), 8 m. $^1/_2$.
De *Kirkham* à *Poulton*, 8 m. $^1/_4$.

De *Burton* à *Milnthorp*, 4 m. $^1/_2$.
De *Milnthorp* à *Kendal*, 8 m. $^1/_2$.

N° 84. DE LONDRES A GLOUCESTER.
1re route, par Oxford et Seven Wells.

Northleach * (n° 31), 82 m. Gloucester * (n° 39), 101 m. $^1/_4$.
De *Gloucester* à *Newent*, 8 m. $^1/_2$.

N° 85. DE LONDRES A GLOUCESTER.
2e route, par Oxford et Cheltenham.

De *Londres* à *Gloucester* * (n° 31), 103 m.

N° 86. DE LONDRES A GLOUCESTER.
3e route, par Maidenhead, Faringdon et Cirencester, 105 m. $\frac{3}{4}$.

De Hyde park Corner à Maidenhead * (n° 32)	26	3 Abingdon (*b*)	55 $^1/_4$	
		Kington Inn	62 $^1/_2$	
1 Henley-Upon-Thames (*a*)	35 $^1/_4$	Faringdon	69 $^3/_4$	
		Lechlade	75 $^1/_2$	
Bensington	46 $^1/_4$	4 Fairford	79 $^3/_4$	
2 Dorchester	49 $^1/_4$	5 Cirencester	88 $^3/_4$	
		Gloucester*	105 $^3/_4$	

(*a*) De *Henley ou Thames* à *Wotlington* (Oxford), 10 m. $^1/_2$.
(*b*) D'*Abingdon* à *Bampton* (Oxford), 14 m.

1. HENLEY ou THAMES, situation charmante. *Curios.* : le pont sur la Tamise, l'église. A un mille est Park place, joli château. *Hôtel* : the Bell. Pop. 3,509 h.

2. DORCHESTER, dans Oxford, sur la Tamise qu'on traverse sur un beau pont de 1,296 pieds de long. *Hôtel* : the Crown. Pop. 2,054 h.

3. *Abingdon*, dans Berk. *Curios.* : le marché, l'église, la prison. *Hôtel* : the Queen's arms. Pop. 5,137 h.

4. FAIRFORD, dans Gloucester. *Curios.* : l'église. *Hôtel* : the Bull. Pop. 1,547 h.

5. CIRENCESTER, dans Gloucester. *Curios.* : l'église et les monumens qu'elle renferme. *Hôtel* : the King's head. Pop. 4,987 habitans.

CONTINUATIONS.

De *Hairford* à *Perrot's Bridge*, 9 m. ¹/₄.
De *Perrot' Bridge* à *Birdlip*, 10 m.
De *Birdlip* à *Painswick*, 6 m.

De *Cirencester* à *Tetbury*. 10 m. ¹/₄.
De *Tetbury* à *Dursley*, 9 m. ³/₄.

DURSLEY, dans Gloucester. *Commerce* : draps. *Curios.* : l'église, le marché et la maison-de-ville. *Hôtel* : the Old Bell. Pop. 3,186 h.

De *Cirencester* à *Bisley*, 7 m. ¹/₄.
De *Bisley* à *Stroud*, 3 m. ¹/₄.

STROUD, grande ville sur la Frome et la Sladewater, célèbre pour ses manufactures de draps. *Curios.* : l'église de charité et les alentours. *Hôtel* : the Lamb. Pop. 7,097 h.

N° 87. DE LONDRES a GREAT GRIMSBY.

1re route, par Royston, Peterborough et Lincoln, 163 m. ½.

De Shoreditch Church		Folkingham	102
à Alconbury-Hill *		3 Sleaford	111 ¹/₂
(n° 1)	64	Green-Man-Inn	121
1 Peterborough (a)	77 ¹/₂	4 Lincoln	129 ¹/₄
Market-Deeping	86	Market Raisin	145
2 Bourne	93 ¹/₄	5 Great Grimsby	163 ¹/₂

(a) De *Peterborough* à *Whittleseat*, 5 m. ¹/₂.

1. PETERBOROUGH, dans Northampton, sur la Nen, rivière, jolie petite ville. *Curios.* : la cathédrale, le marché, l'église Saint-Jean. *Hôtel* : the Angel. Pop. 4,600 h.

2. BOURNE, dans Lincoln. *Commerce* : tannerie et laine. *Curios.* : l'église, l'école gratuite, la maison-de-ville et un temple. *Hôtel* : the Bull. Pop. 2,029 h.

3. SLEAFORD, sur un ruisseau nommé le Slea. *Curios.* : l'église et ses monumens. *Hôtel* : the Angel. Pop. 2,220 h.

4. LINCOLN, capitale du comté de ce nom, ville ancienne et mal bâtie. *Commerce* : blé, laine, camelot. *Curios.* : la cathédrale, une des plus belles du royaume ; la bibliothèque, les restes du château, la prison, la maison-de-ville, Newportgate, l'infirmerie, le théâtre et les 15 églises. *Hôtel* : the Rein Deer. Pop. 10,367 h.

5. GREAT GRIMSBY, proche l'embouchure de l'Himber, rivière ; son port est bon. *Curios.* : l'église et son clocher. *Hôtel* : the Crown. Pop. 3,064 h.

CONTINUATION.

De *Peterborough* à *Thorney*, 6 m. ¹/₂.
De *Thorney* à *Crowland*, 5 m.

CROWLAND, dans Lincoln, ville d'une grande antiquité. *Curios.* : l'église et le pont d'une construction remarquable, la plus ancienne structure gothique d'Angleterre. *Hôtel* : the George. Pop. 2,113 h.

De *Market Raisin* à *Caistor*, 7 m. '/₂.
De *Caistor* à *Great Grimsby* , 11 m. '/₂.

De *Great-Grimsby* à *Clea* , 2 m.

N° 88. DE LONDRES A GREAT GRIMSBY.

2ᵉ route, par Royston , Boston et Louth , 169 m. ½.

De Shoreditch Church			2 Boston (*a*)	112 ⁵/₄
à Alconbury-Hill*			Spilsby	130 ¹/₄
(n° 1)	64		Burwell	139 ¹/₄
Peterborough *	77 ¹/₂		3 Louth (*b*)	144 ¹/₂
St-James'-Deeping	85 ⁵/₄		Great Grimsby *	169 ¹/₂
1 Spalding	97			

(*a*) De *Boston* à *Bolingbroke* (Lincoln), 16 m. '/₂.
(*b*) De *Louth* à *Alford*, 6 m. '/₄.

1. SPALDING , dans Lincoln, sur la Welland, rivière. Commerce considérable en laine. *Curios. :* l'église, la maison-de-ville, le théâtre et les salles d'assemblée. *Hôtel :* the George. Pop. 5,207 h.

2. BOSTON , belle ville sur le Witham. *Commerce :* chanvre, toile, fer, charbon, etc. *Curios. :* l'église et la tour considérée comme la plus haute d'Angleterre, le pont de fer, le théâtre. *Hôtels :* the Peacock, the red Lion. Pop. 10,373 h.

3. LOUTH , dans Lincoln, ville grande et bien bâtie, sur un beau canal. *Comm. :* blé, laine, charbons, etc. *Curios. :* l'église et son clocher, l'école gratuite, la maison-de-ville, le théâtre , la manufacture de savon et celle de tapis. *Hôtel. :* the King's Head. Pop. 6,012 h.

CONTINUATIONS.

De *Spalding* à *Holbeach* , 8 m. '/₄.
De *Spalding* à *Donington* , 9 m. '/₂.
De *Donington* à *Swineshead* , 2 m. '/₂

De *Boston* à *Wainfleet* (Lincoln), 15 m.
De *Wainfleet* à *Burgh* , 3 m. '/₂.

Nº 89.   DE LONDRES A GUILDFORD.
1ʳᵉ route, par Kingston.

De *Londres* à *Guildford*, (nº 9), 29 m. ¹/₄.

Nº 90.   DE LONDRES A GUILDFORD.
2ᵉ route, par Epsom, 30 m. ¾.

De Westminster Bridge à Leatherhead* (nº 8) 18 ¹/₂	East-Horsley	24
	Guildford	30 ¹/₄

Nº 91.   DE LONDRES A HARTLAND,
par Egham, Andover et Barnstaple, 217 m. ¼.

De Hyde park Corner à Barnstaple*, (nº 11) 196	1 Bideford	204 ¹/₂
	2 Hartland	217 ¹/₄

1. BIDEFORD, dans Devon, sur le Torrige qu'on traverse sur un pont de 24 arches. Commerce considérable. *Curios. :* les alentours, la douane et le quai, l'église. *Hôtel :* the Castle. Popul. 4,053 h.

2. HARTLAND, port de mer, dans le Devon. *Curios. :* l'église, et tout proche *Hartland abbey*. *Hôtel :* the Pack house. Popul. 2,000 h.

Nº 92.   DE LONDRES A HARWICH,
par Chelmsford et Colchester, 71 m. ¾.

De White Chapel Church à Stratford	3 ¹/₄	2 Chelmsford	29
Ilford	6 ¹/₄	Witham	37 ¹/₂
1 Romford	12	Kelvedon	41 ¹/₄
Brentwood	18	3 Colchester (a)	51
Ingatestone	23	Mistley-Thorn-Inn	60 ¹/₂
		4 Harwich	71 ¹/₄

(a) De *Colchester* à *Neyland* (Essex), 6 m.
De *Colchester* à *Wivenhoe*, 4 m.
De *Colchester* à *Manningtree*, 9 m.

1. ROMFORD, dans Essex. *Curios.* : la maison-de-ville, le marché et la chapelle. *Hôtel :* the White hart. Pop. 3,777 h.

2. CHELMSFORD, capitale du comté d'Essex, au confluent du Can et du Chelmer. *Curios.* : la maison-de-ville, la prison, l'église, l'école gratuite, etc. *Hôtel :* the Black Boy. Popul. 5,000 h.

3. COLCHESTER, dans Essex, sur la Coln, rivière, ville très-ancienne. *Curios.* : les restes du château, les ruines de l'abbaye Saint-Jean, le théâtre, le marché au blé, et l'école gratuite. *Hôtels :* the Fleece, the Three Cups. Pop. 14,016 h.

4. HARWICH, dans Essex, à l'embouchure de la Stour et Orwell, rivières. *Curios.* : le port, la maison-de-ville, la douane, la chapelle Saint-Nicolas, le chantier et la promenade. Cette ville est très-fréquentée pour ses bains. *Hôtel :* the Three Cups. Pop. 4,010 h.

CONTINUATION.

De *Stratford* à *Chigwell*, 7 m.
De *Chigwell* à *Abridge*, 3 m.
D'*Abridge* à *Chipping-Ongar*, 7 m. $^1/_2$.

D'*Ingatestone* à *Maldon*, 14 m. $^1/_4$.
De *Maldon* à *Bradwell*, 13 m. $^1/_2$.

MALDON, dans Essex, ville ancienne, sur le Blackwater. *Comm.* : charbon, fer, etc. *Curios.* : les deux églises, la maison-de-ville, l'école de grammaire, etc. *Hôtel :* the George. Pop. 3,200 h.

D'*Ingatestone* à *Maldon*, 14 m. $^1/_2$.
De *Maldon* à *Southminster*, 10 m. $^1/_4$.

Nº 93. DE LONDRES A HASTINGS, 64 m. 1re route.

De London bridge à			Robertsbridge	50
Tunbridge* (*V.* nº 67)	30	1	Battle	56
Lamberhust	40	2	Hastings	64
Hurst Green	47 $^1/_2$			

1. BATTLE, dans Sussex, où Guillaume-le-Conquérant défit Harold, en 1066. *Curios.* : l'église et les ruines de l'abbaye. *Hôtel :* the George. Pop. 2,852 h.

2. HASTINGS, port de mer très-renommé par ses bains et ses beaux alentours. *Curios.* : l'église Saint-Clément, celle de tous les Saints, la maison-de-ville, les restes du château, les divers bains et les promenades. *Hôtels :* the Castle, the Swan. Popul. 6,085 h.

N° 94.   DE LONDRES A HASTINGS.
2ᵉ route, par Tunbridge-wells, 65 m. ½.

De London bridge à Tunbridge-wells*, 35 m. ¹/₄. (*V.* n° 67.)

Wadhurst	42	Battle	57 ¹/₂
Hust Green	49	Hastings *	65 ¹/₂
Robertsbridge	51 ¹/₂		

N° 95.   DE LONDRES A HASTINGS.
3ᵉ route, par Rye et Winchelsea, 73 m. ¼.

De London bridge à Tunbridge* (*V.* n° 67)	30	1 Rye	63
Lamberhurst	40	Winchelsea	66
Newenden	52 ¹/₄	Hastings *	73 ¹/₄

1. RYE, dans Sussex, sur un rocher proche l'embouchure de la Rother, rivière, et sur un canal nouvellement percé. *Curios.* : l'église, *Ipres Castle ;* la maison-de-ville et la place du marché. *Hôtel :* the George. Pop. 3,600 h.

N° 96.   DE LONDRES A HEREFORD.
1ʳᵉ route, par Gloucester et Ledbury, 133 m. ½.

De Tyburn Turnpike à Northleach* (*V.* n° 31)	82	Gloucester* (*V.* n° 39)	101 ¹/₄
		Hereford * (*V.* n° 22)	133 ¹/₂

CONTINUATION.

De *Hereford* à *Stretford-Bridge*, 11 m.

N° 97.   DE LONDRES A HEREFORD.
2ᵉ route, par Oxford, Gloucester et Ross, 133 m. ½.

De Tyburn Turnpike à Ross* (*V.* n° 31)	119 ¹/₂	Hereford *	133 ¹/₂

CONTINUATION.

De *Hereford* à *Weobley*, 11 m. ¹/₂.
De *Weobley* à *Kington*, 8 m. ¹/₄.

N° 98.   DE LONDRES A HERTFORD.

| De Shoreditch Church à Hoddesdon * (*V*. n° 1)   17 || 1 Hertford   21 |

1. HERTFORD, capitale du comté, ville ancienne sur la Lea, rivière. *Curios.* : l'intendance, les deux églises, la prison, l'école de grammaire, et les restes du château dans lequel Jean de Gaunt reçut les deux prisonniers royaux, Jean, roi de France, et David, roi d'Écosse. *Hôtel :* the Falcon. Pop. 4,265 h.

N° 99.   DE LONDRES A HOLYHEAD,
par la nouvelle route de poste, et par Coventry,
Birmingham et Shrewsbury, 260 m. ½.

De Hicks's Hall à Dunstable *, 33 m. ¹/₂ (*V*. n° 83).

	Brickhill	43 ¹/₄		Atcham	149 ¹/₄
	Stony Stratford	52 ¹/₄	7	Shrewsbury	153 ¹/₄
	Towcester	60		Nesseliff	161 ¹/₄
	Weedon	72	8	Oswestry	171 ¹/₄
1	Daventry	78 ¹/₄		Chirk	177
	Dunchurch	80	9	Llangollen	184
	Dunsmoor heath	85 ¹/₂		Corven (*b*)	194 ¹/₄
2	Coventry	91 ¹/₄		Cernioge-Mawr (*c*)	207 ¹/₄
	Meriden	97 ¹/₂		Bettwa	216 ¹/₂
	Stone Bridge	99 ¹/₄		Capel-Cerrig	221 ¹/₂
3	Birmingham	109 ¹/₂		Tyn-y-Maes	230
4	Wednesbury	117 ¹/₂	10	Bangor	236 ¹/₄
5	Bilston	120		Menai Bridge	239 ¹/₄
6	Wolverhampton (*a*)	122 ¹/₄		Caea-Mon	248 ¹/₂
	Shiffnall	135 ¹/₄	11	Holyhead	260 ¹/₂
	Watling Street	141 ¹/₄			

(a) De *Wolverhampton* à *Iwetsey-Bank*, 10 m. ¹/₄.
(b) De *Corwen* à *Bala*, 13 m.
(c) De *Cernioge-Mawr* à *Llanwrst*, 11 m.

Toute cette route, mais particulièrement celle qui passe dans le pays de Galles, a été tellement améliorée, qu'on peut la considérer comme une des plus belles routes du monde.

1. DAVENTRY, dans Northampton, ville mal bâtie, mais très-commerçante en bas de soie, etc. *Curios.* : l'église. *Hôtel :* the Saracen's head. Pop. 3,326 h.

2. COVENTRY, dans Warwick, renommée pour ses rubans, montres et antiquités. *Curios.* : l'église Saint-Michel et son clocher, un des plus beaux de l'Europe ; les églises Saint-Jean, Sainte-Marie, la maison-de-ville, la maison du maire, et la prison. *Hôtel :* the King's head. Pop. 8,138 h.

3. BIRMINGHAM, dans Warwick, sur une éminence. Cette ville est une des premières du monde par ses fabriques de fer et d'acier en tout genre. Pendant la guerre on y faisait par semaine 14,000 fusils. Les machines à vapeur employées à Birmingham peuvent être considérées comme les plus ingénieuses inventions de notre siècle : elles sont dues à MM. Boulton et Watt. *Curios.* : la nouvelle église, les nouveaux bains, l'hospice, le théâtre et la bibliothèque. *Hôtels :* the Castle, the Hen and Chickens. Pop. 106,722 h.

A 1 m. ¹/₂ de Birmingham est *Soho*, manufacture de MM. Boulton et Watt, justement considérée la première de l'Europe.

4. WEDNESBURY, dans Stafford. Commerce considérable en canons, harnais de voiture, outils tranchans, et toute espèce d'ouvrage en acier fondu. *Curios.* : l'église, du 8ᵉ siècle, et ses monumens. *Hôtel :* the George. Pop. 6,471 h.

5. BILSTON, d'une grande étendue. *Commerce :* charbon, fer. etc. *Curios.* : la chapelle et le temple. *Hôtel :* the Crown. Pop. 12,003 h.

6. WOLVERHAMPTON, dans Stafford, ville d'une grande antiquité et bien bâtie ; fabrique considérable de serrures et clefs, et gros ouvrages en fer. *Curios.* : les églises Saint-Jean et Saint-Pierre, l'église collégiale, et les alentours très-beaux. *Hôtels :* the Lion, the Swan. Pop. 36,838 h.

7. SHREWSBURY, capitale du comté de Shrop, sur la Svern. Cette ville est renommée pour la pureté de l'air et la beauté de sa situation, quoique mal bâtie. *Curios.* : le château, l'église de l'Abbaye, celle de Sainte-Marie et son clocher, celles de Saint-Chad, de Saint-Gilles ; le marché, la prison, etc. ; la promenade le long de la Severn, l'infirmerie, le rempart, deux ponts, le théâtre et le dépôt militaire construit en 1806. *Hôtels :* the Fox, the Raven. Pop. 19,602 h.

8. OSWESTRY, dans Shrop, ville florissante sur un canal com-

muniquant de la Severn à la Mersey. *Curios.* : l'école gratuite, la maison-de-ville, le théâtre, et une ancienne église. *Hôtel :* the Foxes. Pop. 7,528 h.

9. LLANGOLLEN, dans Denbigh, sur le Lec, renommée pour ses beaux sites et ses ruines. *Hôtel :* the Hand inn. Pop. 3,585 hab.

10. BANGOR, dans Caernarvon, jolie petite ville entre des chaînes de rochers. *Curios.* : la cathédrale, le palais de l'évêque, et l'école de grammaire ; les alentours très-beaux. *Hôtel :* the Castle. Pop. 3,579 h.

11. HOLYEAD, dans une île au nord-ouest d'Anglesey, auquel elle est jointe par un pont. C'est la place de départ pour Dublin, dont le service se fait par des bateaux à vapeur en 8 heures. *Curios.* : l'église et le cimetière, une salle d'assemblée, et le promontoire appelé *The head. Hôtel :* the Eagle and Child. Pop. 4,071 h.

CONTINUATIONS.

De *Daventry* à *Rugby*, 10 m. $^1/_2$.

De *Menay-Bridge* à *Llangefni*, 7 m. $^1/_2$.
De *Llangefni* à *Llanerchymeld*, 6 m. $^1/_2$.
De *Llanerchymeld* à *Amlwch*, 7 m.

AMLWCH, dans Anglesey, renommé pour ses ouvrages en cuivre. *Hôtel :* the Swan. Pop. 2,000 hab.

Nº 100.   DE LONDRES A HOLYHEAD.

2e route, par St-Alban's, Lichfield, Chester et Beaumaris, 277 m.

De Hicks's Hall à				
Northampton*, nº 83	66 ¹/₂		Highway Side	175 ¹/₄
Creaton	73 ¹/₄		Tarporley	178 ³/₄
1 Thornby	77 ³/₄		Chester *	189 ¹/₄
Welford	81		Hawarden	196 ¹/₂
2 Lutterworth	89 ¹/₂	7	Holywell	207 ¹/₂
3 Hinckley	100	8	St-Asaph	217 ¹/₄
Atherstone	108		Albergeley	224 ¹/₂
4 Tamworth (a)	116	9	Conway ou Aber-	
5 Lichfield	124 ¹/₄		conway	236
Rudgley	131 ³/₄		Auber (c)	245 ¹/₂
Wolseley Bridge	134	10	Beaumaris	249 ¹/₂
6 Stafford	141 ¹/₂		Llangefni	259 ¹/₂
Eccleshall (b)	148 ³/₂		Halfway-House	264 ³/₄
Woor	161		Bodedern	269 ³/₄
Nantwich	170		Holyhead *	277

CONTINUATIONS.

(a) De *Tamworth* à *Burtonupon Trent*, 15 m.
(b) De *Eccleshall* à *Drayton* (Stafford), 12 m. ¹/₄.
(c) De *Aber* à *Bangor*, 5 m. ³/₄.

1. THORNBY, dans Northampton, petite ville. A 2 milles sur la droite est le célèbre champ de bataille de *Naseby*, où Charles Iᵉʳ fut défait par Cromwell. Ce village est réputé comme le plus élevé de l'Angleterre.

2. LUTTERWORTH, dans Leicester, sur la Swift, petite ville ordinaire, mais d'un grand commerce en bas et coton. *Curios :* l'église. *Hôtel :* the Denbigh arms. Pop. 2,102 h.

3. HINCKLEY, renommé pour sa bière et ses bas. *Curios. :* the Church, la chapelle catholique et plusieurs temples ; sources minérales. *Hôtel :* the Bull's head. Pop. 6,706 h.

4. TAMWORTH, ville bien bâtie sur la Tame, qui la divise en deux. *Commerce :* draps, calicots, cuirs, etc. *Curios. :* l'église et ses monumens, l'école gratuite et l'hôpital. *Hôtel :* the Castle. Pop. 7,285 h.

5. **LICHFIELD**, dans Stafford, bien bâtie et dans une belle situation. *Curios.* : la cathédrale, fondée en 1130, une des plus belles du royaume ; les monumens qu'elle renferme sont dignes de curiosité ; l'évêché, l'église Saint-Michel, celle de Sainte-Marie ; la maison dans la rue Bâcon, la place du marché, où est né le docteur Johnson ; la maison-de-ville, l'hôpital Saint-Jean, l'école gratuite, où Addisson, Johnson, Garrick, reçurent leurs premières leçons. *Hôtel* : the George. Pop. 6,077 h.

6. **STAFFORD**, capitale du comté. *Commerce* : bottes, souliers et coutellerie. *Curios.* : la maison-de-ville, l'infirmerie, la prison, l'hôpital des fous, les deux églises, l'école gratuite et les ruines d'un château bâti sous Guillaume-le-Conquérant. *Hôtels* : the George, the Star. Pop. 5,736 h.

7. **HOLYWELL**, dans Flint, nom d'une fontaine fameuse dans les anciennes légendes. *Commerce* : papiers, étoffe, cuivre et coton. *Curios.* : l'église moderne, l'église romaine et les mines de plomb. *Hôtel* : the red Lion. Pop. 8,309 h.

8. **SAINT-ASAPH**, dans Flint, jolie petite ville, entre la Clwyd et l'Elwy, sur lesquelles sont de beaux ponts ; l'église en est belle, les alentours charmans. *Hôtel* : the Bee. Pop. 2,751 h.

9. **CONWAY**, dans Caernarvon, sur le Conway, rivière. C'était une ville autrefois très-forte, entourée de murs dont on voit encore les débris. *Curios.* : l'église et ses monumens, les ruines du château, un des plus beaux ouvrages du règne d'Édouard Ier. *Hôtel* : the Bull. Pop. 1,105 h.

10. **BEAUMARIS**, dans Anglesey, capitale du comté dans une belle situation. *Curios.* : la maison, les restes du château, les murs de la ville, l'église et la douane. *Hôtel* : the Bull's head. Pop. 2,205 h.

CONTINUATIONS.

De *Hinckley* à *Market Bosworth*, 7 m. ¹/₄.
De *Hinckley* à *Nuneaton*, 5 m.

Cette ville est sur l'Anker, rivière. *Curios.* : les ruines d'un monastère. *Hôtel* : the Bull. Pop. 6,610 h.

D'*Atherstone* à *Ashby de la Zouch*, 14 m.
D'*Ashby de la Zouch* à *Burton sur Trent*, 8 m. ³/₄.
De *Woove* à *Audlem*, 4 m. ¹/₄.
De *Tarporley* à *Frodsham* 12 m.
De *Frodsham* à *Halton*, 3 m. ¹/₂.

FRODSHAM, dans Ches, bien située sur la Wever, rivière, avec un beau pont, une église et un chantier pour les vaisseaux. *Hôtel :* the Bear's Paw. Pop. 1,000 h.

N° 101.   DE LONDRES A HUNTINGDON.
1re route, par Ware.

De *Londres* à *Huntingdon* * (n° 1), 58 m. ⁵/₄.

CONTINUATION.

De *Huntingdon* à *Ramsey*, 10 m. ¹/₄.
De *Ramsey* à *Whittlesea*, 8 m.

RAMSEY, dans Huntingdon, dans les marais où se trouvent de fort beaux lacs peuplés de brochets, perches et anguilles. *Curios. :* l'église. *Hôtel :* the George. Pop. 2,814 h.

N° 102.   DE LONDRES A HUNTINGDON.
2e route, par Hatfield et Biggleswade, 64 m. ½.

De Hicks's Hall à Saint-Neot's* (*V.* n° 82)	55 ¹/₂	Huntingdon *	64 ¹/₂

N° 103.   DE LONDRES A ILFRACOMBE,
par Basingstoke, Andover et Bridgewater, 195 m. ½.

De Hyde park Corner à Deptford Inn*, 87 m. (*V.* n° 11.)

	Heytesbury	93 ¹/₂		Watchet	153 ¹/₂
	Maiden Bradley	101 ⁵/₄		Dunster	158 ⁵/₄
1	Bruton (a)	109 ⁵/₄		Minehead	161
	Lydford	119	3	Porlock	167
	Ashcott	127		Linton	178 ¹/₂
2	Bridgewater	136 ⁵/₄		Combe-Martin	188 ¹/₂
	Nether Stowey	144 ³/₄	4	Ilfracombe	195 ¹/₂

(a) De *Bruton* à *Castle Cary*, 3 m. ¹/₂.
De *Bruton* à *Ilchester*, 14 m. ¹/₂.

1. Bruton, dans Somerset, jolie petite ville sur la Brue, rivière. *Curios.* : l'église, le marché, l'hôpital, l'école gratuite ;
les alentours charmans. *Hôtel :* the Blue Bell. Pop. 2,076 h.

2. Bridgewater, dans Somerset, sur le Parret. Commerce
considérable avec Bristol. *Curios.* : l'église et sa flèche, l'école
gratuite, la maison-de-ville. *Hôtel :* the George. Pop. 6,155 h.

3. Porlock, dans Somerset, sur le bord de la mer, très-fréquenté pour ses bains et la douceur de son climat. *Curios.* :
l'église; tout près est Dunkery Beacon, dont la hauteur perpen-
diculaire est de 1,660 pieds, et sur le sommet duquel, dans un
temps clair, la vue s'étend 500 milles en circonférence. *Hôtel :*
the Bell. Pop. 769 h.

4. Ilfracombe, dans Devon, situation délicieuse sur le canal
de Bristol, avec un bon pont. *Commerce :* pêcherie considérable. *Curios.* : l'église. Il part tous les jours des paquebots pour
Bristol, Swansea, etc., etc. *Hôtel :* the Britannia. Pop. 2,622 h.

N° 104. DE **LONDRES** A **IPSWICH**,
par Chester, 69 m. ¼.

| De White Chapel Church à | | |
| Colchester * (*V.* n° 92) 51 | Ipswich * (*V.* n° 148) 69 '/. |

CONTINUATION.

D'*Ipswich* à *Needham* (Suffolk), 8 m. '/₂.

N° 105. DE **LONDRES** A **KENDAL**.
1ʳᵉ route, par Northampton, Derby et Lancaster.

De *Londres* à *Kendal* *, 262 m. '/₂. (*V.* n° 38.)

CONTINUATIONS.

De *Kendal* à *Ulverstone* (Lancast), 20 m.
De *Kendal* à *Hawkshead*, 13 m. '/₂.
De *Kendal* à *Kirby Stephen*, 23 m. '/₂.

De *Kendal* à *Sedbergh*, 10 m. '/₄.
De *Sedbergh* à *Dent*, 5 m.

Nº 106.   DE LONDRES A KENDAL.
2e route, par Bedford, Nottingham et Halifax, 264 m. $\frac{1}{4}$.

	De Hicks's Hall à Wel-wyn * (*V.* nº 82)	25			Mansfield	138
1	Hitchin	34			Pleasley	141 '/.
	Shefford	41			Knitacre	149
	Cardington	44		5	Rotherham	159 '/.
2	Bedford	50			Barnsley	172
	Higham-Ferrers	64 '/.			Huddersfield	189
	Kettering	74 '/.		6	Halifax	197
	Rockingham	83 '/.			Keighley	209
	Uppingham	89			Skipton	218 '/.
3	Oakham	95			Settle	234 '/.
	Melton-Mowbray	105		7	Ingleton (*a*)	245
4	Nottingham	123 '/.			Kirby-Lonsdale	252 '/.
					Kendal *	264 '/.

(*a*) D'*Ingleton* à *Sedbergh* (York), 15 milles '/₂.

1. HITCHIN, dans Hertford, dans une vallée. *Curios.* : l'église et ses monumens. *Hôtels :* the Sun, the Swan. Pop. 4,486 habitans.

2. BEDFORD, capitale du comté, dans une belle vallée sur l'Ouse, rivière. *Commerce :* dentelle, blé, charbon. *Curios.* : cinq églises dont la principale est celle de Saint-Paul, la prison, le pont sur l'Ouse, la maison des fous et l'école gratuite. *Hotels :* the George, the Star. Pop. 5,466 h.

3. OAKHAM, capitale du Rutland, dans la riche vallée de Cadmas. *Curios.* : l'église, beau monument gothique, l'école gratuite, la prison et les ruines du château. A deux milles est *Burley on the Hill*, château magnifique au comte de Winchelsea. *Hôtels :* the Crown, the George. Pop. 2,160 h.

4. NOTTINGHAM, capitale du comté, grande ville sur une éminence, arrosée par le Trent, et renommée pour ses manufactures de bas et de poteries. *Curios.* : la nouvelle bourse, l'intendance, la maison-de-ville, le pont de 20 arches sur le Trent, les deux prisons, l'hospice des fous, l'église Saint-Pierre et celle de Sainte-Marie, le château et plusieurs places dignes de curiosité. *Hôtel :* the Blackmoor's head. Pop. 40,415 h.

Dans l'église d'Hucknall, à 7 milles de là, est une table en marbre en l'honneur de lord Byron , qui y fut enterre en 1824. A peu de distance est

Newstead abbey , autrefois la résidence de ce noble poëte.

5. ROTHERHAM, dans York , agréablement située au confluent de la Rother et du Don, rivières; ville renommée par les grands ouvrages en fer fondu qui s'y exécutent et qui méritent l'attention du voyageur , ainsi que l'église et le collége. *Hôtels :* the Crown , the Lion. Pop. 9,633 h.

6. HALIFAX , ville grande, bien bâtie. Commerce considérable en draps , coton , serges, etc. Il y a un endroit destiné à la vente des marchandises, qu'on appelle *piece hall,* vaste bâtiment carré contenant plus de 300 sallés ouvertes une fois par semaine. *Curios. :* les deux églises. *Hôtel :* the Talbot. Pop. 12,626 h.

7. INGLETON , remarquable par la beauté des sites pittoresques qui se trouvent dans les environs : les principaux sont la montagne d'Ingleboroug, 2,360 pieds au-dessus du niveau de la mer; *Wharnside,* 2,384; *Pennigant-hill,* 2,270; *Thornton-forces,* jolie cascade de 90 pieds , etc.

CONTINUATION.

De *Kettering* à *Rothwel,* 4 m.
De *Rothwell* à *Market-Marborough,* 7 m. ¹/₂.

De *Mansfield* à *Bolsover,* 7 m. ¹/₂. *Curiosités :* l'église et le château au duc de Portland. *Hôtel :* the George. Pop. 1,245 h.

N° 107. VOYAGES AUX LACS (1).

DE KENDAL A LANCASTER.

Hawes Water, par Long-Sleddale	15	Bowness	6
Penrith	12	Ferry - House, par Winde-mere	1
Patterdale ou Head de Ulls Water	9	Hawkead, par Esthwaite-Water	4
Ambleside-sur-Kirkstone	9	Coniston-Water-Head	3
Keswick de Ulls Water	15	Coniston-Water-Foot	6
Lowdore-Waterfall	3	Lowick-Bridge	2 1/2
Grange	1	Penny-Bridge	2
Bowdstone Castle hill	1	Booth	2 1/2
Rothwaite	1	Newby Bridge	3
Seathwaite	2 1/2	Newton	3
West-water	4 1/2	Witherslack	4
Keswick, par Watenlath	13 1/2	Levens	4
Armthwaite, par le côté E. de Bassenthwaite-Water	8	Milnthorp	2
		Barton	4
Keswick, par le côté O.	9	Bolton	7
Keskadal	5	Lancaster	4
Buttermere	3	Ulverstone, de Lowick Bridge	5
Scale-Force	1 1/2	Furness-Abbey, par Dalton	6
Lorton de Buttermere, par Krummock Water	6	Carter-House, d'Ulverstone	1
Keswick	7 1/2	Holker	3
Castlerigg	1	Cartmel ou Flookburgh	2
Leathes-Water	4	Carter-House	2
Dun-mel-Wray's-Stone	4 1/2	Herst Bank	9
Grass-Mere	2 1/2	Lancaster	3
Rydall	2		
Ambleside	2		

(1) Cette route est celle que recommande M. Housman au voyageur ami des scènes de la nature. On remarquera que les distances sont d'une place à une autre, et non du point de départ Kendal.

Hall's-Water (lac de Hall) peut avoir 3 milles de long sur $^1/_2$ de large ; il abonde en truites, perches, et on y voit plusieurs cascades et des sites charmans.

Ulls - Water (lac de Ull), un des plus beaux, situé dans Westmorland ; il a 9 milles de long, et sa plus grande largeur 1 mille. Les rochers qui l'entourent forment un écho qui répète le son six ou sept fois : c'est surtout le son des instrumens qui produit un effet étonnant.

Derwent-Water (lac de Derwent), proche Keswick, présente une forme irrégulière d'environ 3 milles de long sur $^1/_2$ de large ; il contient de jolies petites îles : the Lowdore waterfall (chute de Lowdore); la montagne de Skidday, au nord ; les rochers de Borrowdale, au sud, méritent l'attention.

West-Water (lac de l'Ouest), entouré de montagnes romantiques qui rendent l'accès de ce joli lac difficile.

Bassenthwaite-Water ou *Broad-Water* (large lac) a environ 4 milles de long sur 1 mille de large, situé au nord-ouest du lac de Derwent, avec lequel il communique par la rivière Derwent, présente des points magnifiques.

Butter-Mere-Water, *Crummock-Water*, *Lowes-Water* et *Ennerdale-Water*, présentent tous de très-grandes beautés naturelles ; proche *Butter-Mere* est *Scale-force*, très-belle cascade.

Leathes-Water est d'une forme irrégulière et très-étroite, d'environ 3 milles de long, baignant la base du mont Helvellyn, dont le sommet est à 3,000 pieds au-dessus du niveau de la mer.

Winder-Mere (lac de Winder), le plus grand d'Angleterre, ayant environ 10 milles de long sur 3 de large; il contient onze belles îles.

Esthwaite-Water, proche la petite ville de *Hawshead* ; ses bords sont couverts de beaux bois.

Coniston-Lake, d'environ 7 milles de long sur $^3/_4$ de large, comme les autres lacs, présente des sites très-romantiques, et ses bords sont garnis d'un grand nombre de chaumières.

N° 108.   DE **LONDRES** A **KIDWELLY**,

par Bath et Cardiff, 229 m. $\frac{1}{4}$.

De Hyde park Corner à Pontarddylais* (*Voy.* n° 32) 213 $^3/_4$	1 Llanelly	220 $^1/_2$
	2 Kidwelly	229 $^1/_4$

1. LLANELLY, dans Caermarthen, petite ville bien située au

bord de la mer , dans une jolie baie. *Commerce :* charbon et fer.
Curiosités : l'église et ses deux clochers. *Hôtel :* the George.
Pop. 2,621 h.

   2. KIDWELLY , dans Caermarthen , sur le Gwendraeth infé-
rieur avec un pont assez joli. Cette ville est divisée en nouvelle et vieille. *Curiosités :* l'église, les restes du château. *Hôtel :*
the Pelican. Pop. 1,733 h.

N° 109. DE LONDRES A KNARESBOROUGH ,
par Ware, Tuxford et Doncaster, 198 m.

De Shoreditch Church à Wetherby* (*V.* n° 1)	190	1 Knaresborough	198

CONTINUATIONS.

De *Knaresborough* à *Harrowgate*, 3 m. $^1/_2$.
De *Knaresborough* à *Ripley*, 4 m. $^1/_4$.

   1. KNARESBOROUGH , dans York , jolie ville dans une belle situation sur la Nidd , rivière. *Curiosités :* l'église et ses monumens, les ruines d'un château, la fontaine pétrifiante et la chapelle Saint-Robert , creusée dans le roc ; dans les environs,
quatre sources médicinales. *Hôtel :* the Crown and Bell. Pop.
5,283 h.

N° 110.   DE LONDRES A LANCASTER ,
par Northampton et Manchester.

De *Londres* à *Lancaster* * (n° 83) , 240 m. $^1/_2$.

CONTINUATIONS.

De *Lancaster* à *Hest-Bank*, 3 m.
De *Lancaster* à *Hornby*, 9 m.

N° 111. DE LONDRES A LAND'SEND.

1re route, par Andover, Dorchester, Exeter, Launceston et Redruth, 290 m. ¾.

De Hyde park Corner à Andover*, 63 m. ¹/₂. (*V.* n° 11.)

	Salisbury	81		Lew-Down-Inn	205 ¹/₄
	Woodyates-Inn	91 ¹/₄		Lifton	209 ³/₄
1	Blandford (*a*)	103 ¹/₂	5	Launceston (*d*)	213 ¹/₂
	Milbourn	111 ¹/₄		Five-Lanes-Inn	221
2	Dorchester (*b*)	119 ¹/₂		Jamaica-Inn	224 ³/₄
3	Bridport (*c*)	134 ¹/₄	6	Bodmin	234 ¹/₄
	Charmouth	141 ¹/₂		India-Queen-Inn	243 ³/₄
4	Axminster	146 ³/₄		St-Michael	250
	Honiton	156 ¹/₂		Redruth (*e*)	263
	Exeter	172 ³/₄		Angarrack	271
	Crockernwell	184		Penzance	280 ¹/₂
	Okehampton	195	7	Land'send	290 ³/₄

CONTINUATIONS.

(a) De *Blandford* à *Beer-Regis* (Dorset), 9 m.
(b) De *Dorchester* à *Abbotsbury*, 8 m.
(c) De *Bridport* à *Beaminster*, 6 m. ¹/₄.
(d) De *Launceston* à *Bossiney* (Cornwall), 17 m.
(e) De *Redruth* à *Marazion*, 15 m. ¹/₂.

1. BLANDFORD, dans Dorset, jolie ville sur la Stour, rivière. *Curiosités* : la maison-de-ville, l'église dans le style grec. A 5 milles est Milton-Abbey, magnifique bâtiment. *Hôtels* : the Crown, the Grey-Hound. Pop. 2,643 h.

2. DORCHESTER, capitale du comté, ville d'une grande antiquité, située sur la Frome, rivière, renommée pour l'excellence de son *Ale* (bière). *Curios.* : l'église Saint-Pierre, la maison-de-ville, la prison, les casernes, les promenades, et deux autres églises. *Hôtels* : the Antelope, the Kings'-Arms. Pop. 2,743 h.

3. BRIDPORT, dans Dorset, grande ville, sur le Brit, rivière, à un mille de la mer. *Curios.* : la maison-de-ville et la place du marché, l'église, la prison. *Hôtels* : the Bull, the Golden-Lion. Pop. 3,742 h.

4. AXMINSTER, dans Devon, jolie petite ville sur l'Axe, renommée pour sa manufacture de tapis, ses gants, droguets, etc. *Curios.* : l'église et la chapelle catholique. *Hôtel* : the George. Pop. 2,742 h.

5. LAUNCESTON , capitale du Cornwall, sur une éminence proche la Tamar, rivière. *Curios.* : les ruines du château, l'église. *Hôtel* : the King's-Arms. Pop. 2,183 h.

6. BODMIN, dans Cornwall, autrefois ville considérable ; de 13 églises, il n'en reste qu'une assez belle ; les autres objets sont : la prison et la maison de détention, l'hôpital des fous. *Hôtel* : the King's-Arms. Pop. 3,278 h.

7. LAND'SEND est composée d'une suite de rochers élevés et escarpés, au pied desquels se brise l'Océan avec fureur ; à un mille de Land'send sont plusieurs rochers nommés *Long ships* (longs vaisseaux), sur un desquels est un phare élevé de 120 pieds.

CONTINUATIONS.

De *Blandford* à *Cerne-Abbas* , 7 m. $^1/_2$.

Cerne-Abbas, petite ville arrosée par la Cernie, entourée de jolies collines. *Curios.* : les restes de son abbaye. *Hôtel* : the New-Inn. Pop. 1,060 h.

De *Dorchester* à *Beaminster*, 17 m. $^1/_2$.

Beaminster, dans Dorset, ville très-ancienne sur le Brit, rivière ; manufacture de toile à voiles. *Curios.* : la chapelle et ses monumens, la maison de bienfaisance et l'école gratuite. *Hôtel* : the George. Pop. 2,806 h.

De *Redruth* à *Camborn*, 3 m. $^1/_2$.
De *Camborn* à *Saint-Ives*, 10 m.

N° 112.   DE **LONDRES** A **LAND'SEND.**
2e route, par Andover, Exeter, Liskead, Truro et Redruth, 292 m. $\frac{1}{2}$.

De Hyde park Corner à Andower*, 63 m. $^1/_2$. (*V.* n° 11.)

Exeter* (*V.* n° 111)	172 $^5/_4$	St-Austle	242
1 Moreton-Hampstead	183 $^5/_4$	Grampound	248 $^5/_4$
2 Tavistock (*a*)	204 $^5/_4$	Truro	256 $^1/_4$
Kellington ou Cal-		Redruth	264 $^5/_4$
lington	213 $^5/_4$	Penzance	282 $^1/_4$
Liskeard	221 $^5/_4$	Land'send	292 $^1/_2$
Lostwithiel	234 $^1/_2$		

(a) De *Tavistock* à *Beer-Alston* (Devon), 6 m.

1. MORETON - HAMPSTEAD, dans Devon. *Curios.* : l'église, les restes du château, et les ruines d'un temple de Druides. *Hôtel :* the White-Hart. Pop. 1,932 h.

2. TAVISTOCK, jolie ville sur le Tavy, rivière; manufacture de serges, etc. *Curios.* : l'église et ses monumens; dans le voisinage de la ville est un conduit de 1 mille ^{1}/, de long, pour le passage d'un canal. *Hôtels :* the Bedford, the London. Pop. 5,483 h.

N° 113. DE LONDRES A LAUNCESTON,
par Staines, Andover, Dorchester et Exeter, 213 m. $\frac{1}{2}$.

De Hyde park Corner à Andover* (*V.* n° 11) 63 ^{1}/,	Launceston* (*Voy.* n° 111) 213 ^{1}/,

---

CONTINUATIONS.

De *Launceston* à *Camelford*, 14 m. ^{1}/,.
De *Camelford* à *Tregear*, 6 m.
De *Tregear* à *Padstow*, 9 m.

De *Launceston* à *Camelford*, 14 m. ^{1}/,.
De *Camelford* à *Wadebridge*, 11 m.
De *Wadebridge* à *Saint-Columb*, 12 m.

Wadebridge, sur le Camel, rivière qu'on traverse sur un pont de 20 arches assez beau. *Hotel :* the Lion. Pop. 2,420 h.

N° 114.   DE LONDRES A LEICESTER.
1re route, par St-Alban, Northampton et Shearsby, 97 m.

De Hycks's Hall à Northampton* (*V.* n° 83) 66 ^{1}/,	Shearsby 87 ^{1}/,
Turnby 77 ^{1}/,	Leicester * 97

N° 115. DE LONDRES A LEICESTER, 2e route.

De *Londres* à *Leicester* * (*V*. n° 83).

N° 116.   DE LONDRES A LICHFIELD.

1re route, par Daventry et Coleshill, 118 m. 3/4.

De Hicks's Hall à Stone Bridge * (*V*. n° 99) 99 5/4.	Lichfield * (*V*. n° 122) 118 3/4.

N° 117.   DE LONDRES A LICHFIELD.

2e route, par Dunstable et Lutterworth, 124 m. 1/4.

De Hicks's Hall à Northampton * (*V*. n° 83) 66 1/2	Lichfield * (*V*. n° 100) 124 1/4.

N° 118.   DE LONDRES A LINCOLN.

1re route, par Ware et Peterborough, 129 m.

De Shoreditch Church à Alconbury-Hill * (*V*. n° 1) 64	Lincoln * (*V*. n° 87) 129

CONTINUATION.

De *Lincoln* à *Wragby*, 10 m. 1/2.
De *Lincoln* à *Market-Raisin*, 16 m. 1/2.

N° 119.   DE LONDRES A LINCOLN.

2e route, par Ware, Stamford et Ancaster, 129 m.

De Shoreditch Church à Greetham * (*Voy*. n° 1) 92 5/4.	Coltersworth	98 1/2
	Ancaster	111
	Lincoln *	129

CONTINUATION.

De *Lincoln* à *Gainsborough*, 18 m.}
De *Gainsborough* à *Epworth*, 10 m. $^1/_2$.
D'*Epworth* à *Crowle*, 7 m.

Gainsborough, port sur la Trent, rivière, qu'on traverse sur un beau pont en pierre. *Curios.* : la maison-de-ville et le palais, l'église : il s'y tient des courses. *Hôtel* : Blackamoor's-Head. Pop. 5,893 h.

N° 120. DE **LONDRES** A **LINCOLN.**

3ᵉ route, par **Were** et **Newark**, 136 m. $\frac{3}{4}$.

| De Shoreditch Church à Newarck * (n° 1) 120 $^5/_4$ | Lincoln * 136 $^5/_4$ |

CONTINUATION.

De *Lincoln* à *Gainsborough*, 18 m.
De *Gainsborough* à *Burton upon Strather*, 17 m.

N° 121. DE **LONDRES** A **LIVERPOOL.**

1ʳᵉ route, par **Stony-Stratford**, **Newport**, **Chester**, **Woodside-Ferry**, 198 $\frac{1}{4}$.

De Hicks's Hall à Stone Bridge * (*V.* n° 99) 99 $^5/_4$	Estham 190 $^1/_4$
Chester * (*V.* n° 46) 180 $^5/_4$	Woodside-Ferry 197 $^1/_4$
	1 Liverpool 198 $^1/_4$

CONTINUATION.

De *Liverpool* à *Ormskirk* (Lancast), 13 m. $^1/_4$.

1. LIVERPOOL, dans Lancast, à l'embouchure de la Mersey, rivière ; ville d'un commerce considérable avec toutes les parties du monde ; ses manufactures de poteries et de coton sont des plus estimées ; ses chantiers, ses quais et ses magasins sont des plus commodes pour le commerce. *Curios.* : ses princi

paux édifices portent l'empreinte des lumières qui ont marché de pair avec les progrès du commerce ; la maison-de-ville et ses monumens, les deux salles de bal, la nouvelle bourse très-estimée, la halle aux grains, le nouveau marché en 1822, le magasin au tabac, la douane, la poste, la statue de George III en 1822, l'institution royale en 1814, la bibliothèque, un musée d'histoire naturelle, l'athénée, le lycée, le jardin des plantes, le théâtre, le cirque. Parmi les 19 églises et les 8 autres places destinées aux cultes, les principales sont : Saint-Nicolas, style gothique, Saint-George, Saint-Thomas, Saint-Paul, Saint-Jean, Saint-Michel, l'église de l'école des aveugles et celle du Christ, et une multitude d'édifices dans tous les genres dignes d'attention. *Hôtels* : the King's arms, the Talbot, the Golden Lion, the Angel, the Wellington. Pop. 141,487 h.

CONTINUATION.

De *Liverpool* à *Crosby-Seabank*, 6 m.

N° 122. DE LONDRES A LIVERPOOL.

2ᵉ route, par St-Alban's, Daventry, Coventry et Warrington, 206 m.

De Hicks's Hall à Stone Bridge * (*V.* n° 99.)	99 ³/₄
1 Coleshill	103 ³/₄
Swinfin	116 ¹/₄
Lichfield	118 ³/₄
Rudgley	126 ¹/₄
Sandon	136 ¹/₄
2 Stone	140 ¹/₂
Trentham Inn	145 ³/₄
Newcastle-under-Lyne (*a*)	149 ¹/₄
Talk on the Hill	154
Congleton	161 ¹/₂
Knustford	176
3 Warrington	187 ³/₄
Prescot	197
Liverpool	206

(*a*) De *Newcastle-under-Lyne* à *Nantwich*, 15 m.

1. COLESHILL, dans Warwick, sur la Cole. *Curios.* : une belle église. *Hôtel* : the Angel. Pop. 1,760 h.

2. STONE, dans Stafford, belle église, école gratuite, maison de charité. *Hôtel* : the George. Pop. 2,855 h.

3. WARRINGTON, dans Lancast, grande ville sur la Mersey, qu'on traverse sur un beau pont. *Commerce* : toile à voile, épingles, verres et ouvrages de fer. *Curios.* : l'église et ses monumens, l'académie. *Hôtel* : the George. Pop. 13,570 h.

Nº 123.   DE LONDRES A LIVERPOOL.

3e route, par Northampton, Burton-upon-Trent et Congleton, 213 m. $\frac{3}{4}$.

De Hicks's Hall à Leicester * (*V*. n° 83)	98 $^1/_4$			Lane End	153
				Stoke-upon-Trent	156 $^1/_2$
1 Ashby de la Zouch	115 $^1/_4$		4	Burslem	159 $^1/_2$
2 Burton-upon-Trent	124			Congleton	169 $^1/_4$
Tutbury	128 $^1/_2$			Knutsford	183 $^3/_4$
Sudbury	133 $^1/_4$			Warrington	195 $^1/_2$
3 Uttoxeter	139			Prescot	205 $^1/_2$
Upper Tean	146 $^1/_2$			Liverpool	213 $^1/_4$

1. Ashby de la Zouch, dans Leicester. *Curios.* : l'église , les ruines du château , et deux sources d'eaux minérales. *Hôtel :* the Queens' head. Pop. 3,937 h.

2. Burton-upon-Trent , dans Stafford, sur la Trent , rivière, qu'on traverse sur un beau pont de 30 arches. *Curios.* : l'église, la maison-de-ville , l'école gratuite , et les ruines d'un abbaye. *Hôtel :* the George. Pop. 4,114 h.

3. Uttoxeter , dans Stafford , ville bien bâtie , sur la Dove , qu'on traverse sur un beau pont. *Curios.* : son ancienne église , plusieurs temples , et dans les environs les forges à fer. *Hôtel :* White-hart. Pop. 4,658 h.

4. Burslem , grande ville. Manufactures, poteries les plus estimées de l'Europe. *Curios.* : le marché , l'église , et à 1 mille le canal de Mersey. *Hôtel :* the Post-Office. Pop. 9,699 h.

L'ILE DE MAN.

Cette île est située dans la mer d'Irlande , entre l'Angleterre et l'Irlande : on lui donne 30 milles de long sur 12 de large. La principale communication est entre Liverpool et Douglas , par le moyen de steam boats (bateaux à vapeur.); la distance est de 80 milles.

Douglas est la place la plus peuplée de l'île ; les rues sont étroites et irrégulières. *Curios.* : la chapelle, le théâtre ; *Mona Castle*, habitation du duc Athol.

De *Douglas* à *Peeltown*, 12 m., petite ville sur une jolie baie. *Curios.* : le château, la cathédrale, l'église, le palais épiscopal.

De *Douglas* à *Laxsey*, 7 m.
De *Laxsey* à *Ramsey*, 9 m.

De *Ramsey* à *Peeltown*, 18 m.
De *Douglas* à *Castletown*, 12 m.

CASTLETOWN, capitale de l'île, avec un bon port défendu par un château fort.

De *Castletown* à *Peeltown*, 14 m.

N° 124.　DE LONDRES A LYNN-REGIS.
1re route, par Cambridge et Ely, 96 m.

De Shoreditch Church à Cambridge*, 50 m. $^1/_4$. (*V.* n° 35.)

1 Ely	67 $^1/_4$	Setchy	92 $^1/_4$
Littleport	72 $^1/_4$	2 Lynn	96
Downham	84 $^3/_4$		

1. ELY, dans Cambridge, ville très-ancienne. *Curios.* : la cathédrale, le palais de l'évêque, le doyenné, l'église de la Trinité. *Hôtel* : the Lamb. Pop. 5,079 h.

2. LYNN-REGIS, dans Norfolk, grande ville très-ancienne, sur la Grande-Ouse, avec un bon port, qui peut contenir 300 vaisseaux. Commerce considérable en vins, charbon, blé, etc. *Curios.* : l'église, la chapelle Saint-Nicolas, la maison-de-ville, la douane, la bourse, le théâtre et le marché. *Hôtels* : the Crown', the Duke's head. Pop. 12,258 h.

CONTINUATION.

De *Lynn* à *Castle-Rising*, 5 m.
De *Castle-Rising* à *Burnham-Market*, 17 m. $^1/_2$.

N° 125.   DE LONDRES A LYNN-REGIS.
2ᵉ route, par Royston, St-Ives et Wisbeach, 105 m. ¼.

De Shoreditch Church à Caxton *, 49 m. ¼. (*V.* n° 1.)

1	St-Ives	59 ¼	2 Wisbeach	90
	Chatteris	71 ½	Walpole-St-Peter	95
	March	79 ½	Lynn	105 ¼

1. SAINT-IVES, dans Huntingdon, petite ville dans une belle situation, sur l'Ouse, qu'on traverse sur un beau pont. Commerce considérable. *Curiosités :* l'église, les ruines du prieuré, *Slepe hall* ou *Cromwell house* (maison de Cromwell.) *Hôtel :* the Crown. Pop. 2,777 h.

2. WISBEACH, dans Cambridge, bien bâtie, sur l'Ouse, qu'on traverse sur un beau pont. Commerce considérable en blé, bois, charbon, chanvre, laine, etc. *Curiosités :* l'église, construction singulière; la douane, le théâtre, l'école gratuite. *Hôtel :* the Rose and Crown. Pop. 7,877 h.

N° 126.   DE LONDRES A MAIDSTONE.
1ʳᵉ route, par Wrotham.

De *Londres* à *Maidstone* * (n° 81), 34 m. ½.

CONTINUATIONS.

De *Maidstone* à *Cranbrook*, 13 m. ½.
De *Cranbrook* à *Highgate*, 4 m. ½.
De *Highgate* à *Rye*, 15 m. ½.

N° 127.   DE LONDRES A MAIDSTONE.
2ᵉ route, par Gravesend, 37 m. ½.

Rochester * (*V.* n° 60), 29 m. Maidstone, 37 m. ¼.

Nº 128.   DE LONDRES A MANCHESTER.

1ʳᵉ route, par Northampton, Derby et Buxton, 182 m.

De Hicks's Hall à Ash-bourn* (*V.* nº 83)	140	Disley	169 ¹/₂
Newhaven Inn	149 ¹/₄	Bullock Smithy	173
1 Buxton	159 ¹/₄	Stockport	179 ¹/₄
Whalley Bridge	166 ¹/₄	Manchester*	182

1. Buxton, beau village dans Derby, célèbre par ses eaux qui y attirent plus de 500 étrangers tous les ans. *Curiosités* : le Croissant et ses dépendances, les écuries et les remises pouvant contenir 60 voitures; l'église, érigée par le duc de Devon, en 1812; le théâtre, les bains. A 1 mille est Pool's hole, caverne très-curieuse. *Hôtels* : dans le Croissant, the Grove, the Hall, the George Pop. 1,036 h.

CONTINUATIONS.

De *Stockport* à *Ashton-under-Line*, 7 m. ¹/₂.
De *Ashton-under-Line* à *Oldham*, 4 m. ¹/₄.

Ashton-under-Line, dans Lancast, ville bien située sur la Tame. *Curiosité* : l'église. *Hôtel* : the Globe. Pop. 8,222 h.

De *Manchester* à *Middleton*, 6 m. ¹/₄.
De *Middleton* à *Rochdale*, 6 m.

Rochdale, dans une belle vallée sur la Roche, rivière qu'on traverse sur un beau pont. Manufactures de laines. *Curiosités* : l'église et deux temples. *Hôtel* : the Buck. Pop. 47,109 h.

Nº 129.   DE LONDRES A MANCHESTER.

2ᵉ route, par Northampton, Derby et Leek.

De *Londres* à *Manchester*, 186 m. (*V.* nº 83.)

N° 130. DE LONDRES A MANCHESTER.

3e route, par Coventry, Congleton et Wilmslow, 186 m. ¼.

De Hicks's Hall à Stone		Wilmslow	174 ¹/₄
Bridge* (*V*. n° 99)	99 ³/₄	Manchester*	186 ¹/₄
Congleton* (*V*. n° 122)	161 ¹/₂		

N° 131. DE LONDRES A MANCHESTER.

4e route, par Northampton, Derby et Bakewell, 186 m. ¾.

De Hicks's Hall à		Chapel in the Frith	167
Derby* (*V*. n° 83)	126 ¹/₂	Whalley bridge	170 ¹/₂
1 Belper	134 ¹/₄	Disley	173 ³/₄
Cromford	141 ¹/₂	Bullock Smithy	177 ²/₄
2 Matlock	143 ¹/₂	Stockport	180
3 Bakewell	152 ¹/₄	Manchester	186 ³/₄

A 4 milles de Derby est *Keddlestone*, château de lord Scarsdale, considéré comme un des plus beaux modèles d'architecture moderne en Angleterre.

1. BELPER, dans Derby, sur la Derwent : à 1 mille, sur la rivière, deux moulins à coton et une forge à fer méritent l'attention. *Hôtel :* the White-Hart. Pop. 7,235 h.

2. MATLOCK, dans Derby, sur la Derwent, rivière ; joli village très-ancien, renommé pour ses eaux minérales qui y attirent beaucoup de monde. Les bords de la rivière présentent des vues charmantes. *Curiosités :* la chapelle, *the High tor*, jolie colline ; *Cliffhouse*, *Rutland caverne*, et la fontaine pétrifiante. *Hôtels :* the Old-Bath, the New-Bath. Pop. 2,920 h.

3. BAKEWELL, dans Derby, sur la Wye, rivière. *Curiosités :* l'église et ses monumens. A 2 milles ¹/₂ est *Chalsworth*, château magnifique du duc de Devon : ce fut dans l'ancien château que Marie Stuart fut enfermée pendant 13 ans. *Hôtel :* the new George. Pop. 1,782 h.

CONTINUATIONS.

De *Matlock* à *Ashover*, 4 m. ¹/₂.
De *Bakewell* à *Tideswell*, 7 m. ³/₄.
De *Bakewell* à *Castleton*, 12 m. ¹/₄.

Castleton, dans Derby, joli village rempli de curiosités naturelles qui méritent l'attention du voyageur : les principales son[t]
Devil's cavern (la caverne du diable), la chute d'eau qui tombe
de 90 pieds, la promenade dans les fosses, etc.

N° 132.   DE LONDRES A MANCHESTER.

5e route, par Coventry, Congleton, Knutsford et Altrincham, 191 m.

De Hicks's Hall à Stone		Altrincham	183
bridge* (*V*. n° 99) 99 ¹/₄		Manchester	191
Knutsford* (*V*. n° 122) 176			

N° 133. DE LONDRES A MARGATE, 71 m. ½.

De London Bridge à		Sarr	64
Canterbury* (*Voy.*		1 Margate	71 ¹/₂
n° 62) 55 ¹/₄			

1. Margate, dans l'île de Thanet, est une des places les plus
fréquentées pour les bains des trois royaumes; son port est bon,
son commerce considérable. *Curiosités* : les salles d'assemblée,
la digue et sa promenade, l'église et ses monumens, le théâtre,
les bains. Pendant la belle saison, il part tous les jours de cette
ville pour Londres des bateaux à vapeur qui font le trajet dans
sept ou huit heures. *Hôtel* : the Fountain, the Royal hotel. Pop.
7,843 h.

CONTINUATIONS.

De *Sarr* à *Ramsgate*, 9 m.

Ramsgate, dans Kent, jolie ville très-fréquentée pour les bains;
son port est bon et bien défendu. *Curiosités* : la chapelle, la
salle d'assemblée, les bains. *Hôtel* : the London. Pop. 6,031 h.

De *Margate* à *Broadstairs*, 3 m. ¹/₂.

Broadstairs, jolie petite ville bien située pour les bains et très-
fréquentée. *Curiosité* : le port. *Hôtels* : the Phenix, the Rose.
Pop. 2,101 h.

N° 134. DE LONDRES A MARKET-WEIGHTON,
188 m.

De Shoreditch Church à		Booth Ferry	174 ¹/₄
Bawtry * (*V*. n° 1)	149 ¹/₄	1 Howden	176
Thorne	162 ³/₄	2 Market-Weighton	188

1. HOWDEN, dans York, petite ville très-ancienne. *Curiosités :* les ruines d'un palais, l'église. *Hôtel :* the Halfmoon. Pop. 3,080 h.

2. MARKET-WEIGHTON, dans York, petite ville. Commerce considérable par son canal qui communique avec l'Humber, rivière. *Hôtel :* the Briggs. Pop. 2,093 h.

CONTINUATIONS.

De *Thorne* à *Snaith*, 7 m.
De *Snaith* à *Selby*, 8 m. ¹/₄.
De *Selby* à *Cawood*, 4 m. ¹/₂.

Selby, dans York, petite ville très-florissante, sur l'Ouse, et un canal qui va à Leeds. *Curios.* : l'église de l'ancienne abbaye, le pont sur l'Ouse. *Hôtel :* the George. Pop. 4,097 h.

De *Market-Weighton* à *South-Cave*, 8 m.
De *South-Cave* à *North-Cave*, 3 m.

N° 135. DE LONDRES A GREAT-MARLOW.
1ʳᵉ route, par Maiden-Head, 31 m.

De Hyde park Corner à		Great-Marlow	31
Maiden-Head* (*V*. n° 32)	26		

N° 136. DE LONDRES A GREAT-MARLOW.
2ᵉ route, par Burnham, 31 m. ³/₄.

De Hyde park Corner à		Burnham	24
Salt-Hill* (*V*. n° 32)	21 ¹/₄	Great-Marlow	31 ¹/₄

N° 137.   DE LONDRES A MARYPORT.

1re route, par Northampton, Manchester, Lancaster, Kendal et Keswick, 311 m.

De Hicks's Hall à Kendal* (*V.* n° 83)	262 ¹/₂	2 Keswick (*a*)	291 ¹/₂
Low-Wood-Inn	275	Cockermouth (*b*)	303 ¹/₂
1 Ambleside	276 ¹/₂	3 Maryport	311

(*a*) De *Keswick* à *Ireby* (Lancast), 12 m.
(*b*) De *Kockermouth* à *Whitehaven* (Cumberland), 13 m. ¹/₂.

1. AMBLESIDE, dans Westmorland, petite ville délicieusement située sur le lac Winander. *Curios.* : l'église moderne. Proche Ambleside est *Calgarth park*, qui fut long-temps la résidence du savant Waston. *Hôtel :* the Salutation. Pop. 838 h.

2. KESWICK, dans Cumberland, au nord du lac de Derwent. *Curios.* : le marché et deux musées. *Hôtel :* the Queen's head. Pop. 1,301 h.

3. MARYPORT, dans Cumberland, ville bien bâtie sur l'Elne, rivière. *Comm.* : coton et charbon ; son port est assez fréquenté. *Hôtel :* the Golden-Lion. Pop. 3,514 h.

N° 138.   DE LONDRES A MARYPORT.

2e route, par Lancaster, Ulverstone et Whitehaven, 326 m. ½.

De Hicks's Hall à Lancaster* (*V.* n° 83)	240 ¹/₂	Ponsonby	294 ¹/₄
Cartmel	253 ¹/₄	Egremont	298 ¹/₂
1 Ulverstone (*a*)	266 ¹/₂	2 Whitehaven	303 ¹/₂
Ravenglass	285 ³/₄	3 Workington	311
		Maryport*	326 ¹/₂

(*a*) D'*Ulverstone* à *Dalton* (Lancast), 4 m. ¹/₄.

De Lancaster le voyageur peut diriger sa route par les sables, si la marée est basse ; mais il doit prendre un guide, qui doit être à cette place depuis le lever du soleil jusqu'au coucher.

1. ULVERSTONE, ville agréablement située près la rivière de Leven, avec laquelle elle communique par un canal. *Curios.* : l'église, le théâtre, la maison-de-ville et la bibliothèque. Dans

le voisinage, sur les bords d'un joli ruisseau, sont les ruines de *Furness abbey*. *Hôtels :* the Sun, the Bradley's Arms. Pop. 4,315 h.

2. WHITEHAVEN, dans Cumberland, jolie ville et bien bâtie; les alentours renferment des mines considérables de charbon les plus profondes qu'on connaisse; le port est bon et bien défendu par une digue. *Curios. :* les trois chapelles épiscopales, le théâtre, etc. *Hôtel :* the George. Pop. 12,438 h.

3. WORKINGTON, dans Cumberland, ville considérable sur la Derwent, rivière, à un mille de son embouchure; son port reçoit des vaisseaux de 400 tonneaux. Commerce avec l'Irlande et la Baltique. *Curios. :* l'église, le théâtre, les deux temples et la maison-de-ville; à l'est de la ville est Workington hall, noble édifice. *Hôtel :* the Dragon. Pop. 6,439 h.

CONTINUATION.

De *Cartmel* à *Hawshead*, 13 m. ¹/₂.

Nº 139. DE LONDRES A MILL-HILL, 9 m. ½.

De Holborn-Bars à			Hendon	7
Camdentown	2		2 Mill-Hill	9¹/₂
1 Hampstead	4¹/₂			

1. HAMPSTEAD, dans Middlesex, sur la pente d'une colline dominée par une vue très-pittoresque, d'où on découvre Londres et ses environs, et tout proche est *Kenwood*, château du comte de Mansfield.

2. MILL-HILL, village sur le sommet d'une colline, remarquable par son école des non-conformistes.

Nº 140. DE LONDRES A MONMOUTH.

1ʳᵉ route, par Oxford, Northleach, Seven-Wells, Mitchel Dean, 126 m. ¾.

De Tyburn Turnpike à Northleach *, 82 m. (*V.* nº 31.)

Gloucester* (*V.* nº 39)	101 ¹/₄		Colford	121 ¹/₄
Mitchel Dean	113 ¹/₄		Monmouth	126 ¹/₄

CONTINUATION.

De *Monmouth* à *Skrinfreth*, 5 m.
De *Skrinfreth* à *Grosmont*, 5 m. $^1/_2$.

N° 141.   DE LONDRES A MONMOUTH.
2e route, par Oxford, Cheltenham et Ross.

De *Londres* à *Monmouth**, 229 m. $^3/_4$. (*V.* n° 31.)

CONTINUATION.

De *Monmouth* à *Ragland*, 8 m.
De *Ragland* à *Usk*, 6 m.
De *Usk* à *Pontypool*, 6 m.

Usk, petite ville d'une grande antiquité, située sur une langue de terre formée par les rivières Olwy et Usk. *Curios.* : l'ancienne église, les restes du château et le pont sur l'Usk. *Hôtel :* the Three Salmons. Pop. 1,338 h.

N° 142.   DE LONDRES A MONTGOMERY.
1re route, par Oxford, Worcester et Ludlow, 169 m.

Oxford*, 54 m. $^3/_4$ (*V.* n° 31). Montgomery*, 169 m. (*Voy.* n° 34.)

CONTINUATION.

De *Montgomery* à *Welshpool*, 8 m. $^1/_4$.

Welshpool est un des principaux marchés pour les flanelles de Galles. *Curios.* : la maison-de-ville et l'église. A un mille est *Powis Castle*, château de Powis, édifice majestueux. *Hôtel :* the Royal Oak. Pop. 3,535 h.

Nº 143. DE LONDRES A MONTGOMERY.

2ᵉ route, par Daventry, Birmingham et Shrewsbury, 174 m. $\frac{1}{4}$.

De Hicks's Hall à Shrewsbury* (*Voy.* nº 99)	153 ^{1}/$_4$	Brocton 166 ^{1}/$_4$ Montgomery* 174 ^{1}/$_4$

Nº 144. DE LONDRES A MUKER,

par St-Neot's et Doncaster, 253 m. $\frac{3}{4}$.

De Hicks's Hall à Catterick Bridge* (*Voy.* nº 82)	230 ^{1}/$_2$	1 Richmond 234 ^{1}/$_4$ Reeth 243 ^{1}/$_4$ Muker 253 ^{3}/$_4$

1. RICHMOND, dans York, jolie situation sur la Swale, rivière, environnée de beaux sites. *Curios.* : la place du marché, les restes d'un château bâti sous Guillaume-le-Conquérant. *Hôtel :* the King's Arms. Pop. 3,546 h.

Nº 145. DE LONDRES A NORTHAMPTON.

1ʳᵉ route, par St-Alban's et Stony-Stratford, 65 m. $\frac{1}{4}$.

De Hicks's Hall à Stony-Stratford* (*V.* nº 99)	52 ^{1}/$_2$	Northampton* 65 ^{1}/$_4$

CONTINUATION.

De *Northampton* à *Rugby* (Warwick), 19 m.

Nº 146. DE LONDRES A NORTHAMPTON.

2ᵉ route, par St-Alban's et Woburn.

De *Londres* à *Northampton*, 66 m. ^{1}/$_4$ (nº 83).

N° 147. DE LONDRES A NORWICH.

1re route, par New-Market et Thetford.

De *Londres* à *Norwich**, 109 m. (n° 53).

CONTINUATION.

De *Norwich* à *Aylsham*, 11 m. ¹/₂.
De *Aylsham* à *Holt*, 11 m. ³/₄.

AYLSHAM, dans Norfolk, sur la Bure. *Curios.* : l'église et ses monumens, l'école gratuite. *Hôtel* : the Black boy. Pop: 1,858 hab.

A 2 milles on trouve *Blicklin'g-hall*, joli château où est née Ann Boleyn.

De *Norwich* à *Worsted*, 11 m. ³/₄.

N° 148. DE LONDRES A NORWICH.

2e route, par Colchester et Ipswich, 111 m.

De White Chapel Church à Colchester*, 51 m. (*V.* n° 92.)

Stratford	58 ¹/₂	Thwaite	84 ¹/₂
Copdock	65 ¹/₂	Scole-Inn	92
1 Ipswich	69 ¹/₄	Long-Stratton	101
Stonham	79 ³/₄	Norwich	111

1. IPSWICH, capitale du Suffolk, sur l'Orwell, rivière. Cette ville renferme 15 églises ; aucune ne mérite une grande attention ; mais le marché, construit en 1811, est beau ; le théâtre, la maison-de-ville, les deux prisons, et la douane. C'est la patrie du cardinal Wolsey : on voit encore la maison où il est né. A 2 milles de la ville se tiennent les courses, très-fréquentées. *Hôtels* : the Golden-Lion, the Bear and Crown. Pop. 17,186 h.

CONTINUATIONS.

De *Stratford* à *Hadleigh*, 5 m. ³/₄.
De *Stonham* à *Debenham*, 3 m. ¹/₂.
De *Stonham* à *Eye*, 9 m. ¹/₂.

N° 149. DE LONDRES A NORWICH.

3e route, par Braintree et Bury-St-Edmund's, 112 m. $\frac{1}{2}$.

De White Chapel Church à Chelmsford *, 29 m. (*V.* n° 92.)

	Braintree	40 $^1/_2$	3 Bury-St-Edmund's (*a*)	71
	Bocking-Street	41 $^1/_2$	Ixworth	77 $^1/_2$
	Halstead	46 $^1/_2$	Bodesdale (*b*)	85 $^3/_4$
1	Sudbury	54 $^1/_2$	Scole inn	93
2	Long-Melford	58	Long Stratton	102
	Bradfield	66	Norwich *	112 $^1/_2$

(*a*) De *Bury-Saint-Edmund's* à *Thetford*, 12 m. $^1/_4$.
(*b*) De *Bodesdale* à *Diss*, 5 m. $^3/_4$.
(*b*) De *Bodesdale* à *New Buckenham*, 10 m. $^1/_2$.

1. Sudbury, dans Suffolk, sur la Stour, rivière, avec un beau pont. *Curiosités :* les trois églises. *Hôtel :* the Rose and Crown. Pop. 3,950 h.

2. Long-Melford, dans Suffolk. *Curiosité :* l'église, monument gothique. *Hôtel :* the Bull. Pop. 2,288 h.

3. Bury - Saint - Edmund's, ville ancienne, situation charmante sur le Lark, rivière, et renommée pour son air pur. *Curiosités :* la maison-de-ville, l'église Sainte-Marie, celle de Saint-James, la porte de l'abbaye, le théâtre, les salles de redoute, la nouvelle prison, la maison de correction, l'intendance et la bibliothèque. A 3 milles nord-est est *Henrave-hall*, d'une noble architecture. *Hôtels :* the Angel, the Bell. Pop. 9,999 h.

CONTINUATIONS.

De *Bocking-Street* à *Sible-Hedingham*, 6 m. $^1/_2$.
De *Sible-Hedingham* à *Great-Yeldham*, 3 m.
De *Great-Yeldham* à *Haver-hill*, 8 m.

De *Bocking-Street* à *Sible-Hedingham*, 6 m. $^1/_2$.
De *Sible-Hedingham* à *Yeldham*, 3 m.
De *Yeldham* à *Clare*, 4 $^1/_4$.

De *Sudbury* à *Stow-Market*, 15 m.
De *Stow-Market* à *Diss*, 16 m. $^1/_4$.
De *Diss* à *New-Buckenham*, 7 m. $^1/_2$.

12*

Stow-Market, à la jonction de trois petites rivières. Commerce considérable : orge, houblon, chanvre, etc. *Curiosités :* l'église, la promenade et la maison d'industrie. *Hôtel :* the King's-head. Pop. 2,252 h.

N° 150.　DE LONDRES A NOTTINGHAM.
1re route, par Hitchin et Kettering.

De *Londres* à *Nottingham* *, 123 m. ¹/₄. (n° 106.)

CONTINUATION.

De *Nottingham* à *Southwell*, 13 m. ¹/₂.

SOUTHWELL, dans Nottingham, ville autrefois très-importante. *Curiosités :* l'église collégiale, du 7e siècle : après Saint-Augustin de Canterbury, c'est l'édifice le plus ancien d'Angleterre ; la prébende, édifice moderne ; les ruines du palais archiépiscopal : on y voit encore l'appartement où dîna Charles Ier, en 1646, quand il se rendit aux Ecossais. *Hôtel :* the Saracen's-Head. Pop. 3,051 h.

N° 151.　DE LONDRES A NOTTINGHAM.
2e route, par Northampton, Leicester et Loughborough, 124 m. ½.

De Hicks's Hall à Loughborough* (*V.* n° 83) 109 ¹/₄	Bunny	117 ⁵/₄
	Nottingham*	124 ¹/₂

N° 152.　DE LONDRES A OAKHAM.
1re route, par Hatfield et Bedford.

De *Londres* à *Oakham* *, 95 m. (n° 106.)

CONTINUATION.

De *Oakham* à *Waltham sur le Wolds*, 14 m.

Nº 153. DE LONDRES A OAKHAM.

2ᵉ route, par St-Alban's, Newport-Pagnell et Wellingborough, 96 m.

De Hicks's Hall à Newport-Pagnell*, 51 m. ¹/₂ (*V.* nº 83.)

	Olney	56 ¹/₂	Rockingham	84 ¹/₄
1	Wellingborough	68 ¹/₂	Uppingham	90
	Kettering	75 ¹/₂	Oakham*	96

1. WELLINGBOROUGH, dans Northampton, sur la Nen, rivière. Cette ville est entourée de sources médicinales très-renommées. *Curiosité :* l'église. *Hôtels :* the Hind, the White-Hart. Pop. 4,454 h.

Nº 154. DE LONDRES A OAKHAM.

3ᵉ route, par Biggleswade et Kimbolton, 96 m. $\frac{1}{4}$.

	De Hicks's Hall à Biggleswade* (*V.* nº 82)	45	Clapton	72 ¹/₂
	Eaton-Socon	55	Deane	44 ³/₄
1	Kimbolton	63	Oakham	96 ¹/₄

1. KIMBOLTON, dans Huntingdon. *Curiosités :* l'église, le château (au duc de Manchester) où la reine Catherine, divorcée d'avec Henri VIII, mourut. *Hôtel :* the White-Lion. Pop. 1,562 h.

CONTINUATIONS.

De *Kimbolton* à *Thrapstone*, 11 m.

Thrapstone, petite ville sur la Nen, rivière qui est navigable, et qu'on passe sur un beau pont. *Hôtel :* the George. Pop. 854 h.

De *Clapton* à *Oundle*, 5 m. ¹/₄.
D'*Oundle* à *Apethorp*, 6 m.
D'*Apethorp* à *King's-Cliff*, 1 m. ¹/₂.

OUNDLE, dans Northampton, jolie petite ville sur la Nen, rivière, avec deux ponts : celui du N. est remarquable par le nombre des arches et par la route qui y conduit. A 3 milles ¹/₂ de Oundle est *Fotheringhay*, noté pour son château, où Marie-Stuart fut emprisonnée et exécutée. *Hôtel :* the Talbot. Pop. 2,279 h.

Nº 155. DE LONDRES A OLD ou AUST-PASSAGE, par Henley et Malmesbury, 124 m.

De Hyde park Corner à Maidenhead*, 26 m. (*V.* nº 32.)

Faringdon*(*V.* nº 86)	69 ¹/₄	3 Acton-Turvil	184 ¹/₄
Highworth	75 ³/₄	Cross-Hands inn	107 ¹/₄
1 Cricklade	83 ¹/₂	Chipping-Sodbury	111
2 Malmesbury	95 ¹/₂	Old ou Aust-Passage	124

1. CRICKLADE, dans Wilt, ville ancienne sur l'Isis ou Tamise, rivière. *Curios. :* la maison-de-ville, l'église Saint-Samson et celle Sainte-Marie. *Hôtel :* the Swan. Pop. 1,485 h.

2. MALMESBURY, dans Wilt, ville ancienne ; manufactures de draps, cuirs, gants, parchemins, etc. *Curios. :* les ruines d'une abbaye, *the abbot' house* (maison de l'abbé), la croix du Marché, érigée sous Henri VII. C'est la patrie de Guillaume de Malmesbury, historien, et de Hobbes, philosophe. *Hôtel :* the White-Lion. Pop. 1,976 h.

3. *Acton-Turvil*, dans Gloucester ; à 3 milles de cette place on trouve *Badminton-house*, résidence de la famille ducale de Beaufort ; bel édifice, et l'église bâtie en 1785.

Nº 156. DE LONDRES A OXFORD, 1ʳᵉ route.

De *Londres* à *Oxford* *, 54 m. ¹/₄. (*V.* nº 31.)

Nº 157.   DE LONDRES A OXFORD.
2ᵉ route, par Maidenhead, 58 m.

De Hyde park Corner à		Dorchester* (*V.* nº 86)	49 ¹/₄
Maidenhead* (nº 32)	26	Oxford*	58

N° 158. DE **LONDRES a PEMBROKE**,
par Oxford, Gloucester et Caermarthen , 248 m. $\frac{?}{2}$.

De Tyburn Turnpike à Caermarthen * , 216 m. (*V*. n° 31.)

St-Clare	225 $^1/_2$	Carew	244 $^1/_2$
Cold-Blow	236 $^1/_2$	1 Pembroke	248 $^1/_2$

1. **Pembroke**, capitale du comté , ville heureusement située sur une anse dans la baie de Milford. Ses monumens ne présentent rien de très-curieux : à l'O. sont les restes d'un château ; l'on voit encore l'appartement où est né Henri VII. *Hôtel :* the Green-Dragon. Pop. 4,945 h.

CONTINUATION.

De *Cold-Blow* à *Tenby* , 7 m. $^1/_2$.

N° 159. DE **LONDRES a PENRICE**, 217 m. $\frac{3}{4}$.

De Hyde park Corner à Swansea* (*V*. n° 32) 204 $^5/_4$. | 1 Penrice 217 $^1/_4$

1. **Penrice**, dans Glamorgan , petit village situé proche le canal de Bristol. *Curios.* : les ruines d'Oxwich et le château méritent l'attention. *Auberge :* the Swan. Pop. 345 h.

N° 160. DE **LONDRES a PENRITH**.

1re route, par Biggleswade et Doncaster.

De *Londres* à *Penrith* * , 285 m. $^1/_4$. (*V*. n° 82.)

CONTINUATIONS.

De *Penrith* à *Kirkoswald* , 8 m. $^1/_2$, dans le Cumberland, sur l'Eden , rivière. *Curios.* : les restes du château ; à 3 milles sont les Cercles druides , appelés *long meg and her daughters*.

De *Penrith* à *Hutton* , 5 m. $^1/_2$.
De *Hutton* à *Wigton* , 16 m.
De *Wigton* à *Holme-Abbey* , 6 m. $^1/_4$.

Wigton, dans Cumberland, jolie ville, rues spacieuses. *Curios.* : l'église, noble édifice. *Hôtel :* the Queen. Pop. 4,050 h.

De *Penith* à *Hutton*, 5 m. ¹/₂.
De *Hutton* à *Hasket-Newmarket*, 7 m. ¹/₂.

De *Penrith* à *Aldstone-Moor*, 18 m. ¹/₄.
De *Aldstone-Moor* à *Haltwhistle*, 11 m. ¹/₄.

Haltwhistle, dans Northumberland, petite ville d'une grande antiquité. *Curios.* : les deux vieilles tours, l'église et ses monumens, et le mont nommé *Castle-Banks*, au centre duquel est une belle source. *Hôtel :* the King's-Arms. Pop. 707 h.

N° 161.   DE LONDRES A PENRITH.

2ᵉ route, par Northampton et Lancaster.

De *Londres* à *Penrith* * (*V.* n° 83), 288 m. ¹/₂.

N° 162.   DE LONDRES A PENZANCE.

1ʳᵉ route, par Basingstoke, Dorchester et Launceston, 280 m. ½.

De Hyde park Corner à   ‖ Penzance* (*V.* n° 111) 280 ¹/₂
  Andover* (*V.* n° 11) 63 ¹/₂ ‖

N° 163.   DE LONDRES A PENZANCE.

2ᵉ route, par Basingstoke, Dorchester, Tavistock et Truro, 282 m. ¼.

De Hyde park Corner à   ‖ Exeter* (*V.* n° 111)   172 ¹/₂
  Andover* (*V.* n° 11) 63 ¹/₂ ‖ Penzance* (*V.* n° 112) 282 ¹/₂

N⁰ 164. DE LONDRES A PENZANCE.

3ᵉ route, par Basingstoke, Dorchester et Marazion, 286 m. ¼.

De Hyde park Corner à				
Andover* (*V.* n⁰ 11)	63 ¹/₂		Tregols	265 ¹/₄
		1	Helston	272 ⁵/₄
Exeter* (*V.* n⁰ 111)	172 ⁵/₄		Marazion	283
Truro* (*V.* n⁰ 112)	256 ⁴/₄		Penzance*	286 ¹/₄

1. HELSTON, dans Cornwall, sur le penchant d'une colline baignée par le Cober, rivière. *Curios. :* le marché, la maison-de-ville et l'église. A 2 milles de Helston on trouve *Penrose*, très-beau château. *Hôtel :* the Angel. Pop. 2,671 h.

N⁰ 165. DE LONDRES A PLYMOUTH.

1ʳᵉ route, par Basingstoke, Wincaunton et Exeter, 207 m. ¹/₂.

De Hyde park Corner à Wincaunton*, 108 m. ¹/₂ (*V.* n⁰ 11.)

Exeter* (*V.* n⁰ 73)	164 ¹/₂	Ivy-Bridge	196 ¹/₄
Chudleigh	173 ⁵/₄	Ridgway	202 ⁵/₄
Ashburton	183 ¹/₄	Plymouth*	207 ¹/₂

N⁰ 166. DE LONDRES A PLYMOUTH.

2ᵉ route, par Basingstoke, Andover et Exeter, 215 m. ¾.

De Hyde park Corner à		Exeter* (*V.* n⁰ 111)	172 ¹/₄
Andover* (*V.* n⁰ 11)	63 ¹/₂	Plymouth* (*V.* n⁰ 79)	215 ⁵/₄

N⁰ 167. DE LONDRES A PLYMOUTH.

3ᵉ route, par Andover, Exeter et Totness, 222 m. ¼.

De Hyde park Corner à				
Andover* (*V.* n⁰ 11)	63 ¹/₂	1	Totness (*b*)	195 ⁵/₄
		2	Modbury	207 ⁵/₄
Exeter* (*V.* n⁰ 111)	172 ⁵/₄		Plympton-Earle	217 ¹/₄
Newton Bushel (*a*)	187 ¹/₄		Plymouth	222 ¹/₄

(a) De *Newton-Bushel* à *Brixham* (Devon), 13 m.
(b) De *Totness* à *Kings-Bridge* ou *Dodbrook*, 12 m.
(b) De *Totness* à *Dartmouth*, 10 m.

1. TOTNESS, dans Devon, ville ancienne, belle situation sur le Dart, rivière. Manufactures considérables, laine. *Curiosités :* l'église et les restes d'un château construit sous Guillaume Ier. *Hôtel :* the Seven Stars. Pop. 3,128 h.

2. MODBURY, ville ancienne bien bâtie. *Curiosités :* l'église et les ruines d'une abbaye. *Hôtel :* the Exeter inn. Pop. 2,194 h.

CONTINUATIONS.

De *Plymouth* à *Saltash*, 4 m. $^1/_4$.
De *Newton-Bushel* à *Dartmouth*, 15 m. $^1/_2$.

DARTMOUTH, dans Devon, à l'embouchure de la Dart, rivière d'où cette ville tire son nom ; son port est spacieux et capable de contenir 500 voiles; sa baie, défendue par des forts, offre des points de vue magnifiques, ainsi que les bords de la Dart. Commerce considérable. *Curiosités :* les trois églises, le quai, les chantiers et le château. Au nord de Dartmouth est *Torbay*, qui en temps de guerre est la principale station de la marine royale. *Hôtel :* the Castle. Pop. 4,485 h.

N° 168.   DE LONDRES A PONTEFRACT,
par Stamford et Tuxford, 173 m. ½.

De Shoreditch Church à   ‖ 1 Pontefract   173 $^1/_2$
Doncaster * (*V.* n° 1)   158 ‖

1. PONTEFRACT, dans York, ville bien bâtie et dans une belle situation, entourée de jardins. *Curiosités :* l'église Saint-Gilles et le château où Richard II fut assassiné. *Hôtel :* the Red-Lion. Pop. 4,447 h.

N° 169. DE **LONDRES** à **POOLE.**

1re route, par Staines, Basingstoke, Winchester et Ringwood, 105 m. ¼.

De Hyde park Corner à		2	Romsey	73 ¹/₂
Basingstoke* (n° 11)	45 ¹/₄		Cadnam	79 ¹/₂
Popham-Lane	51		Ringwood	91
1 Winchester	62 ¹/₂	3	Poole	105 ¹/₄

1. WINCHESTER, capitale du comté de Hamp, ville très-ancienne, ayant été capitale des rois saxons; elle est située sur l'Itchen, rivière, et sur un canal qui communique à la mer : cependant son commerce est peu important. *Curiosités* : la cathédrale, un des monumens les plus intéressans d'Angleterre; le collége, un des premiers du royaume; la maison-de-ville, la croix de la ville, la prison du comté, l'infirmerie, le marché, le théâtre, la vieille maison de justice; on trouve encore six églises et plusieurs temples assez jolis. *Hôtels* : the George, the White-Hart. Pop. 7,739 h.

2. ROMSEY, ville arrosée par le Test, rivière. *Curiosités* : l'église, noble édifice; la maison-de-ville. *Hôtel* : the Bell. Pop. 5,128 h.

3. POOLE, dans Dorset, port de mer assez beau. *Commerce* : pêche à Terre-Neuve, blé, charbon, bois, etc. *Curiosités* : son ancienne église, la maison-de-ville, le marché et la douane. *Hôtel* : the London tavern. Pop. 6,360 h.

CONTINUATIONS.

De *Cadnam* à *Fordingbridge*, 9 m.
De *Ringwood* à *Christchurch*, 9 m.

CHRISTCHURCH, dans Hamp, à l'embouchure de l'Avon et de la Stour. *Commerce* : bas, gants, etc. *Curiosité* : son église, beau style antique. *Hôtels* : the Hotel, the King's-Arms. Pop. 4,644 h.

Nº 170. DE LONDRES A POOLE.

2ᵉ route, par Staines, Basingstoke, Stockbridge, Salisbury, et Wimborn-Minster, 108 m.

De Hyde park Corner à			Salisbury *	80 ¹/₂
Basingstoke* (nº 11)	45 ¹/₄		Cranbourn	92
Popham-Lane	51	1	Wimborn-Minster	101 ¹/₂
Sutton	59		Poole *	108
Stockbridge	66 ¹/₄			

1. WIMBORN-MINSTER, dans Dorset, ville d'une grande antiquité sur l'Allen', dans une délicieuse vallée. *Curiosités :* son église collégiale et ses nombreux monumens. C'est la patrie du poëte Prior. *Hôtel :* the Crown. Pop. 1,387 h.

CONTINUATIONS.

De *Wimborn-Minster* à *Wareham*, 13 m.
De *Wareham* à *Corfe-Castle*, 4 m. ¹/₂.
De *Corfe-Castle* à *Swanage*, 6 m.

WAREHAM, dans Dorset, sur une péninsule, autrefois ville très-imposante. *Curiosités :* ses trois églises et leurs monumens. Horace Walpole est né dans cette ville. *Hôtel :* the Red Lion. Pop. 1,930 h.

Nº 171. DE LONDRES A POOLE.

3ᵉ route, par Bagshot, Farnham, Winchester, Southampton et Ringwood, 112 m. ½.

De Hyde park Corner à Bagshot*, 26 m. (*V.* nº 11.)

1	Farnham	38 ¹/₂	2	Southampton	77
	Alton	47 ¹/₂		Cadnam	85 ¹/₄
	Alresford	57 ¹/₄		Ringwood	96 ³/₄
	Winchester	65		Wimborn-Minster	106 ¹/₄
	Chaudler'sford Bridge	71 ¹/₂		Poole *	112 ¹/₂

1. FARNHAM, dans Surrey, sur la Wey. *Curiosités :* l'église et ses monumens, le château, le marché et l'école gratuite. *Hôtel :* the Bush. Pop. 3,132 h.

2. SOUTHAMPTON, dans Hamp, située sur un joli bras de mer. Cette ville est très-fréquentée pour les bains. Commerce considérable avec l'Espagne, la France, le Portugal et la Baltique. *Curiosités :* la porte de Bar, l'église de tous les Saints, celle de Saint-Michel, celle d'Holyrood et les ruines des anciens murs, et beaucoup d'autres édifices, quoique moins intéressans, méritent d'être vus. A 3 milles sur les bords du bras de mer, on voit les belles ruines de *Netley-Abbey*. Des paquebots partent de là pour le Havre. *Hôtels :* the Dolphin, the Star. Pop. 13,353 h.

Nº 172. DE LONDRES A PORT-PATRICK,
par Hatfield, Doncaster, Carlisle et Dumfries, 421 m. ½.

De Hicks's Hall à Gretna Green* (*V.* nº 82)	317	Gate-House of Fleet	371 ¹/₂
Annan	325 ¹/₂	Cree-Town	383 ¹/₂
Dumfries	341	Newton-Stewart	390
Castle Douglas	357 ¹/₂	Glenluce	405 ¹/₂
Carlingwark-Inn	358	Stranrear	415 ¹/₂
		1 Port-Patrick	421 ¹/₂

1. PORT-PATRICK, dans Wigton, sur la mer d'Irlande. C'est le point le plus rapproché de ce pays et le plus commode pour traverser : la distance n'est que de 21 milles. Cette ville est heureusement située pour les bains ; son port est bon, mais d'un difficile accès. Commerce considérable avec l'Irlande. *Curiosités :* le quai avec le phare, qui passe pour un des plus beaux de l'Europe. Des paquebots partent tous les jours pour l'Irlande. *Hôtel :* the Blair's-Arms. Pop. 1,818 h.

Nº 173. DE LONDRES A PORTSMOUTH,
par Esher, Godalming et Petersfield, 72 m. ¼.

De Stones' End Borough à Godalming*, 33 m. ¹/₂ (*V.* nº 9.)			
Hind-Head-Hill	41	1 Portsdown-Hill	66 ¹/₂
Liphook	46	Cosham	67 ¹/₂
Petersfield (*a*)	54 ¹/₂	2 Portsmouth	72 ¹/₂
Horndean	61 ¹/₂		

(*a*) De *Petersfield* à *Havant*, 11 m. ¹/₂.

1. Portsdown-Hill. Sur le sommet de cette colline, on jouit d'une vue magnifique : il y a un monument en l'honneur de lord Nelson.

2. Portsmouth, principal arsenal et port de la marine anglaise; son port est un des plus beaux et des plus forts du monde, et tout ce qui peut servir à la construction et à l'équipement d'une flotte se trouve ici dans un grand état de perfection, et mérite l'attention du voyageur. Les édifices les plus remarquables sont : la maison du gouverneur, l'école de la marine, l'église et son clocher, la promenade, la maison-de-ville, le théâtre, etc. *Hôtels* : the Crown, the Fountain. Pop. 45,648 h.

CONTINUATION.

De *Portsmouth*, par Ferry, à *Gosport*, $^1/_2$ m.

Gosport, ville très-forte, à l'ouest de Portsmouth. Commerce considérable dans les articles de marine. *Curios.* : les chantiers, la loge des francs-maçons, et *Hasler hospital*, noble édifice, capable de loger plus de 2,000 marins blessés. *Hôtel* : the India Arms. Pop. 6,184 h.

N° 174. DE LONDRES A NEW-RADNOR.
1re route, par Oxford et Worcester, 159 m.

De Tyburn Turnpike à		Worcester* (n° 34)	111 $^1/_2$
Oxford* (*V*. n° 31)	54 $^3/_4$	New-Radnor* (n° 3)	159

N° 175. DE LONDRES A NEW-RADNOR.
2e route, par Oxford et Gloucester, 160 m. $\frac{3}{4}$.

Ross*, 119 m. $^1/_2$ (*V*. n° 31). New-Radnor*, 160 m. $^1/_4$ (*Voy.* n° 4.)

CONTINUATION.

De *New-Radnor* à *Builth*, 11 $^3/_4$.
De *Builth* à *Tregarron*, 31 m. $^1/_2$.

Nº 176. DE LONDRES A READING.
1re route, par Egham, 38 m.

De Hyde park Corner à Egham* (*V*. nº 11) 17 ³/₄	Binfield	28 ¹/₂
	Reading	38

CONTINUATION.

De *Reading* à *Pangbourn*, 6 m.
De *Pangbourn* à *Streatly*, 3 m.
De *Streatly* à *East-Ilsey*, 6 m.

Nº 177. DE LONDRES A READING.
2e route, par Egham et Oakingham, 38 m. ½.

De Hyde park Corner à Egham* (*V*. nº 11) 17 ³/₄	Oakingham	31 ¹/₂
	Reading	38 ¹/₂

Nº 178. DE LONDRES A READING.
3e route, par Slough.

De *Londres* à *Reading* (*V*. nº 32), 39 m.

Nº 179. DE LONDRES A RICKMANSWORTH.

De Tyburn Turnpike à Harrow on the Hill 9 ³/₄	Rickmansworth	18

HARROW ON THE HILL, comme son nom le dit, située sur une colline d'où l'on jouit d'une vue très-belle. *Curios.* : l'église, fondée sous Guillaume Ier, et son école gratuite. *Hôtel* : the King's Head. Pop. 3,017 h.

N° 180.   DE LONDRES A RIPON,
par Bedford, Nottingham, Wakefield et Harrowgate,
222 m. ¼.

De Hicks's Hall à Mansfield*, 138 m. ¹/₄. (*V.* n° 106.)

1	Chesterfield	150 ¹/₂	5	Harewood	203 ¹/₂
2	Sheffield	162 ¹/₂		Harrowgate	211
	Barnsley	176		Ripley	215
3	Wakefield	186 ¹/₂	6	Ripon	222 ¹/₄
4	Leeds	195 ¹/₄			

1. CHESTERFIELD, dans Derby, sur le Rother, rivière. Manufactures de bas de coton et de laine, souliers, tapis et poterie. *Curios.* : l'église, la maison-de-ville. *Hôtels :* the Angel, the Falcon. Pop. 5,077 h.

2. SHEFFIELD, dans York, au confluent du Don et de la Sheaf, ville considérable, renommée pour ses manufactures de coutellerie et acier ; cette ville est bien bâtie. *Curios.* : l'église de la Trinité et deux autres également jolies, la maison-de-ville, la salle des couteliers, l'hôpital du duc de Norfolk, une chapelle catholique, le théâtre. *Hôtels :* the Angel, the Commercial. Pop. 42,157 h.

3. WAKEFIELD, une des plus jolies villes du comté de York, Manufactures de draps et étoffes de fantaisie très - estimées. *Curios.* : la vieille église, la nouvelle église, de style moderne, une belle chapelle sur le pont situé sur la Calder, la Croix du marché. *Hôtel :* the Strafford Arms. Pop. 10,764 h.

4. LEEDS, ville très - commerçante et bien bâtie, sur l'Air. *Curios.* : la halle aux draps, construite en 1758 ; la halle aux draps blancs, en 1775 ; l'église Saint-Pierre, celles Saint-Jean, Saint-Paul, bâties en 1794; de la Trinité, Saint-Jacques; la nouvelle église, construite en 1824 ; le nouveau marché, et un grand nombre d'autres édifices dignes d'attention. *Hôtels :* the Bull and Mouth, the Lion. Pop. 83,796 h.

5. HAREWOOD, dans York. *Curios.* : l'église et ses monumens. *The Harewood house*, château magnifique de l'ordre corinthien. *Hôtel :* the Harewood Arms. Pop. 843 h.

6. RIPON, dans York, ville d'une grande antiquité, située entre l'Ure et la Skell, rivière. *Curios.* : la place du marché avec l'obélisque de 90 pieds ; l'église, la maison-de-ville, construite en 1801 ; le théâtre, etc. *Hôtel :* the Norfolk Arms. Pop. 4,563 h.

CONTINUATION.

De *Sheffield* à *Penistone*, 14 m. ¹/₂.
De *Penistone* à *Huddersfield*, 13 m. ¹/₂.

Nº 181.   DE LONDRES A NEW ROMNEY,
par Sevenoaks et Tunbridge, 69 m. ¾.

De London Bridge à		1 Tenterden	55 ¹/₄
Tunbridge* (nº 67)	30	Ald Romney	67 ³/₄
Kipping's Cross	36 ¹/₂	New Romney	69 ³/₄
Milk House Street (a)	48 ¹/₄		

(a) De *Milkhouse-Street* à *Cranbrook* (Kent), 1 m.

1. TENTERDEN, dans Kent, jolie petite ville. *Curios.* : l'église, la maison-de-ville et l'école gratuite. *Hôtel* : the Woolpacks. Pop. 3,259 h.

Nº 182.   DE LONDRES A SAFFRONWALDEN.

De Shoreditch Church à		1 Saffronwalden	32 ¹/₂
Newport* (*V*. nº 37)	38 ³/₄		

1. SAFFRONWALDEN, dans Essex. *Curios.* : l'église, considérée comme une des plus belles églises paroissiales d'Angleterre, l'école gratuite. A 5 milles on trouve *Hemstead*, où le docteur Hervey découvrit la circulation du sang. *Hôtel* : the Rose and Crown. Pop. 4,154 h.

Nº 183.   DE LONDRES A SALISBURY.
1ʳᵉ route, par Basingstoke et Stockbridge, 80 m. ½.

De Hyde park Corner à		Salisbury* (*V*. nº 170)	80 ¹/₂
Basingstoke* (nº 11)	45 ³/₄		

CONTINUATION.

De *Salisbury* à *Downton*, 7 m. ¹/₂.
De *Downton* à *Fordingbridge*, 5 m.

N° 184.   DE LONDRES A SALISBURY.
2e route, par Andover, 81 m.

De Hyde park Corner à Andover* (*V.* n° 11) 63 ¹/₂	Salisbury*	81

N° 185.   DE LONDRES A SALTFLEET,
par Ware Huntingdon et Louth, 155 m. ¾.

De Shoreditch Church à Alconbury-Hill*, 64 m. (*V.* n° 1.)

Sleaford* (*V.* n° 87)	111 ¹/₂	Louth	145 ¹/₄
Tattershall	123 ¹/₄	Saltfleet	155 ¹/₄
Horncastle	132 ¹/₄		

N° 186.   DE LONDRES A SEAFORD,
par Croydon et Lewes, 59 m. ¼.

De Westminster Bridge à Lewes* (*V.* n° 26)	49	Newhaven	55 ¹/₂
		Seaford	59 ¹/₄

N° 187.   DE LONDRES A SCARBOROUGH.
1re route, par Ware, Lincoln et Hull, 213 m.

De Shoreditch Church à Alconbury-Hill*, 64 m. (*V.* n° 1.)

Lincoln* (*V.* n° 87)	129 ¹/₄	1 Hull	169 ¹/₂
Spittal-inn (*a*)	140 ¹/₄	2 Beverley (*b*)	178 ¹/₂
Brigg ou Glandford Bridge	151 ¹/₄	Great Driffield	191 ¹/₄
Barton	162 ¹/₂	Foxholes	201
Waterside-inn	163	3 Scarborough	213

(a) De *Spittal-Inn* à *Kirton* (Lincoln), 6 m. ¹/₄.
(a) De *Spittal-Inn* à *Burton-upon-Strather*, 19 m. ¹/₂.
(b) De *Beverley* à *Frodingham* (York), 13 m.

1. HULL, grande ville très-commerçante sur l'Hull, rivière. *Curios.* : la place du Marché et la statue de Guillaume III ; *the North Bridge* (pont du Nord) de deux grandes arches, entre les-

quelles est un pont tournant pour le passage des vaisseaux ; les chantiers, la maison de la Trinité, la bourse, l'église Sainte-Trinité, etc. *Hôtels :* the Cross-Keys, the Neptune. Population 31,425 h.

2. BEVERLEY, dans York, ville considérable au pied d'une colline. *Curios. :* les églises Saint-Jean et Sainte-Marie, avec leurs monumens. *Hôtel :* the Beverley-Arms. Pop. 7,503 h.

3. SCARBOROUGH, dans York, ville délicieusement située au fond d'une jolie baie et qui s'élève en amphithéâtre; son port est vaste et commode. *Commerce :* blé, poisson salé, charbon, etc. Scarborough est très-fréquentée pour ses eaux minérales et ses bains de mer. *Curios. :* la maison des bains, le théâtre, la salle de redoute, les restes du château, l'église et l'hôpital de la marine. *Hôtels :* the Black-Bull, the New-Inn. Pop. 8,533 h.

CONTINUATIONS.

De *Hull* à *Hedon*, 8 m.
De *Hedon* à *Pattrington*, 10 m. $^1/_4$.
De *Pattrington* à *Spurn-Head*, 11 m. $^3/_4$.

De *Spurn-Head* à *Bridlington*, 17 m. $^1/_2$.
De *Bridlington* à *Flamborough*, 3 m. $^1/_2$.

De *Scarborough* aux *Peak-alum-Works*, 10 m. $^1/_2$.
De *Peak-alum-Works* à *Whitby*, 8 m.

The Peak-alum-Works, mérite l'attention du voyageur.

WHITBY, dans York, sur l'Eske, rivière sur laquelle est un pont tournant capable de recevoir des vaisseaux de 500 tonneaux; le port est beau. *Commerce :* alun, charbon, etc. *Curiosités :* les chantiers, la digue, l'église, la maison-de-ville et les restes d'une abbaye fondée en 650. Les alentours abondent en pétrifications et curiosités naturelles. *Hôtels :* the Angel, the Golden-Lion. Pop. 12,331 h.

N° 188.　DE LONDRES A SCARBOROUGH.

2ᵉ route, par Ware, Doncaster et York, 234 m. ¾.

De Shoreditch Church à Ferry Bridge*, 173 m. ¹/₄. (*V*. n° 1.)

Tadcaster	185 ¹/₂	Yeddingham-Bridge	221 ¹/₂
1 York	194 ¹/₂	Snainton	225
Whitwell	206 ³/₄	Wykeham	228
2 New Malton (*a*)	212 ¹/₂	Scarborough	234 ³/₄

(*a*) De *New Malton* à *Pickering* (York), 8 m. ¹/₂.

1. York, capitale du nord de l'Angleterre, regardée comme la seconde ville du royaume, est située sur l'Ouse et la Fosse, rivières; elle est divisée en quatre quartiers qui portent le nom d'une des portes de la ville. Commerce considérable, gants, drogues, librairie, imprimerie, etc. *Curios.* : la cathédrale, qui sous le rapport de sa grandeur, de la beauté de son architecture, peut être placée à la tête des monumens gothiques de l'Angleterre, avec la maison du chapitre et la bibliothèque. York possède encore vingt-quatre églises paroissiales; les plus remarquables sont celles de tous les Saints, de Sainte-Marie, de *All Hallows*, de Saint-Denis, de Sainte-Marguerite; les ruines de l'abbaye Sainte-Marie, *the Mickle gate* (la porte de Mickle); le château, bâti par Guillaume-le-Conquérant et maintenant prison, la maison-de-ville, les ruines de la tour de Clifford, la maison du lord maire, la salle d'assemblée, celle du concert construite en 1825, l'intendance, le théâtre et la promenade le long de l'Ouse. *Hôtels :* the Blackswan, the Falcon. Pop. 20,787 h.

2. New Malton, dans York, jolie petite ville sur la Derwent, qu'on traverse sur un beau pont. *Curios.* : les deux églises, le théâtre et les ruines du château; tout proche, sources minérales. *Hôtel :* the Talbot. Pop. 4,005 h.

A 4 milles sur la route de York, on trouve *Castle Howard*, château magnifique au comte de Carlisle.

N° 189.　DE LONDRES A SHEERNESS,
par Gravesend, 47 m. ¼.

De London Bridge à		Queenborough	45
Chatam* (*V*. n° 62)	30 ¹/₄	1 Sheerness	47 ³/₄
King's Ferry	42 ³/₄		

1. SHEERNESS, ville très-forte, dans l'île de Sheppey, à l'embouchure de la Medway. *Curios.* : les chantiers ouverts en 1823, une fonderie de canons, la chapelle et la cale pour réparer les vaisseaux.

N° 190. DE LONDRES A SHREWSBURY.

1re route, par Stony-Stratford, Coventry et Birmingham.

NOUVELLE ROUTE DE POSTE.

De *Londres* à *Shrewsbury* * (*V.* n° 99), 153 m. $^1/_4$.

CONTINUATIONS.

De *Shrewsbury* à *Welsh-Pool* (Montgomery), 18 m. $^1/_4$.

De *Shrewsbury* à *Llandriano*, 13 m. $^1/_2$.
De *Llandriano* à *Llanfyllin*, 11 m. $^1/_2$.

De *Shrewsbury* à *Wem*, 10 m. $^1/_4$.
De *Wem* à *Whitchurch*, 8 m. $^1/_2$.

N° 191. DE LONDRES A SHREWSBURY.

2e route, par Aylesbury, Kidderminster et Much-Wenlock, 160 m. $\frac{1}{4}$.

De Tyburn Turnpike à			
Southall	9 $^1/_2$	Adderbury	72
Axbridge	15	Banbury	75 $^1/_2$
Chalfont-St-Giles	22 $^1/_4$	Edgehill	83 $^1/_2$
Amersham (*a*)	26	Stratford-upon-Avon	95
Great Missenden	31	Alcester (*b*)	103
Wendover	35	1 Bromesgrove (*c*)	116 $^1/_4$
Aylesbury	40 $^1/_2$	2 Kidderminster	125 $^1/_4$
Winslow	50 $^1/_4$	3 Bridgnorth (*d*)	139 $^1/_2$
Buckingham	57 $^1/_4$	4 Much-Wenlock	147 $^1/_4$
Aynhoe ou the Hill	69	Shrewsbury	160 $^1/_4$

(a) De *Amersham* à *Chesham*, 3 m.
(b) De *Alcester* à *Droitwich*, 14 m.
(c) De *Bromesgrove* à *Stourbridge*, 8 m. $^1/_2$.
(d) De *Bridgnorth* à *Madeley-Market*, 8 m. $^1/_2$.

1. Bromesgrove, dans Worcester, sur la Salwarp, rivière. *Commerce :* aiguilles, clous et toiles. *Curios. :* l'école gratuite, l'église et la source minérale. *Hôtel :* the Crown. Pop. 7,519 h.

2. Kidderminster, dans Worcester, ville bien bâtie sur la Stour, rivière, et renommée pour sa manufacture de tapis. *Curiosités :* l'église, noble édifice gothique ; la promenade autour de l'église, la maison-de-ville, le marché, et les bords de la Stour. Les alentours présentent des objets dignes d'attention. *Hôtels :* the Lion, the Black-horse. Pop. 15,296 h.

3. Bridgnorth, dans Shrop, situation charmante sur les bords de la Severn, rivière qu'on traverse sur un beau pont de sept arches. Cette ville est divisée en deux parties, communiquant par une promenade taillée dans le roc. *Curiosités :* les deux églises et un temple. *Hôtel :* the Castle. Pop. 4,345 h.

4. Much-Wenlock, dans Shrop. *Curiosités :* les restes d'un ancien monastère, qui consistent en une église, beau modèle gothique, et la maison du chapitre. *Hôtel :* the Swan. Pop. 2,200 h.

CONTINUATIONS.

De *Kidderminster* à *Stourport*, 4 m.

Stourport, dans Worcester, sur la Severn, qu'on traverse sur un beau pont de fer ; cette ville est moderne et bien bâtie. *Hôtel :* the Swan. Pop. 3,856 h.

De *Kidderminster* à *Bewdley*, 3 m.
De *Bewdley* à *Cleobury*, 8 m.
De *Cleobury* à *Ludlow*, 13 m.

N° 192. DE LONDRES A SHREWSBURY.

3ᵉ route, par Aylesbury, Kidderminster et Colebrook-Dale, 160 m. $\frac{3}{4}$.

De Tyburn Turnpike à Bridgnorth*, 139 m. $^1/_2$ (*V.* n° 191.)

Broseley	146	2 Buildwas	148 $^1/_4$
1 Colebrook-Dale	147 $^1/_2$	Shrewsbury	160 $^1/_4$

1. Colebrook-Dale, renommé pour son fameux pont en fer qu'on traverse sur la Severn. Cette élégante structure est composée d'une seule arche de 100 pieds d'ouverture; la route qui y conduit est charmante. Le voyageur doit visiter les machines à vapeur, les ouvrages de fer et les forges qui se trouvent là.

2. Buildwas, dans Shrop. *Curiosités :* les ruines de l'abbaye et un beau pont en fer sur la Severn : il a 130 pieds d'ouverture.

N° 193. DE LONDRES A SKIPTON.

1re route, par Royston, Stamford, Doncaster et Wakefield, 216 m. $\frac{1}{2}$.

De Shoreditch Church à Doncaster*, 158 m. (*V.* n° 1.)

North-Elmsall	167 $^1/_4$	Bingley	202 $^1/_2$
Wakefield	178 $^1/_4$	Keighley	206 $^3/_4$
Leeds	187	Skipton*	216 $^1/_2$
1 Bradford	196 $^3/_4$		

1. Bradford, dans York, sur l'Aire, au milieu de charmantes vallées. *Curiosités :* les deux églises et les fonderies de fer à 3 milles. *Hôtels :* the Sun, the Talbot. Pop. 13,064 h.

N° 194. DE LONDRES A SKIPTON.

2e route, par Northampton, Leicester, Buxton et Bury, 218 m.

De Hicks's Hall à Ashbourn* (*V.* n° 83)	140	2 Haslingden	200
Manchester* (*V.* n° 128)	182	Clitheroe	212 $^1/_2$
1 Bury	191	Skipton*	218

1. Bury, dans Lancast, ville considérable sur l'Irwell, rivière. Manufactures de coton. *Curiosités :* l'église moderne, la chapelle et la maison-de-ville. *Hôtel:* the Eagle and Child. Pop. 34,581 h.

2. Haslingden, dans Lancast, sur un canal, ville très-commerçante. *Curiosités :* l'église et ses monumens. *Hôtel :* the King's-Head. Pop. 6,593 h.

CONTINUATIONS.

De *Haslingden* à *Blackburn*, 8 m.

Blackburn, sur la rivière du même nom. Commerce considérable : coton , calicot , etc. *Curiosités :* les deux églises , l'école de grammaire, l'école des non-conformistes. *Hôtels :* the New-Inn, the Bull. Pop. 21,940 h.

De *Haslingden* à *Burnley*, 7 m. ¹/₂.
De *Burnley* à *Coln*, 6 m. ¹/₄.

N⁰ 195. DE LONDRES A SOUTHAMPTON.
1ʳᵉ route, par Bagshot, Basingstoke et Winchester, 74 m. ½.

De Hyde park Corner à
  Basingstoke*(n⁰ 11) 45 ¹/₄. ‖ Winchester*   62 ¹/₂
                                     ‖ Southampton* 74 ¹/₂

N⁰ 196. DE LONDRES A SOUTHAMPTON.
2ᵉ route, par Bagshot et Bishop's Waltham , 75 m. ¼.

De Hyde park Corner à
  Bagshot* (n⁰ 11)   26 ‖ Bishop's Waltham 65 ¹/₄.
Alton * (n⁰ 171)   47 ¹/₂ ‖ Botley   68 ³/₄.
Filmer hill   56 ¹/₄. ‖ Southampton * 75 ¹/₄.

N⁰ 197. DE LONDRES A SOUTHAMPTON.
3ᵉ route, par Bagshot, Alton et Winchester, 77 m.

De Hyde park Corner à
  Bagshot* (n⁰ 11)   26 ‖ Southampton* (n⁰ 171) 77

N⁰ 198.   ILE DE WIGHT.

La distance de *Southampton* à *Cowes*, dans l'île de Wight, est de 15 milles : des bateaux à vapeur font ce voyage pendant l'été , tous les matins, dans une heure de temps , et reviennent dans l'après-midi.

Cowes, où le voyageur débarque s'il part de *Southampton*, est une ville mal bâtie , mais dans une situation charmante à l'embouchure de la Cowes, rivière. *Curiosités :* le château et les machines pour les bains. *Hôtels :* the Fountain , the Wine, où l'on trouve des voitures pour toutes les parties de l'île. Pop. 3,579 h.

De *Cowes* à *Newport*, 4 m. ¹/₄.

Newport, la principale ville de l'île, est bien bâtie, dans une belle situation sur la Médina, ou Cowes, rivière qui est navigable. *Curiosités* : l'église, où l'on voit un monument de la princesse Elisabeth, seconde fille de Charles Ier ; l'école gratuite, la bibliothèque, le marché et le théâtre. *Hôtels* : the Bugle, the Sun. Pop. 4,059 h.

VOYAGE VERS L'EST DE L'ILE.

De Newport à Wotton-		Saint-Helen's Green	11 ¹/₂
Bridge	4	Branding	14
Ryde	7	Sandown	16 ¹/₂
Saint-John's	8	Brading down	19 ¹/₂
The Priory	10 ¹/₂	Newport	26 ¹/₄

En quittant *Newport*, le voyageur traverse la Médina, rivière, et parcourt un pays superbe qui lui offre des vues magnifiques. Nous n'entrerons point dans les détails des places par où il passera pour faire ce voyage, qui n'offre d'intérêt que par les beautés de la nature qu'on y rencontre.

VOYAGE VERS L'OUEST DE L'ILE.

De Newport à Carisbrook	1	Needles	17 ⁵/₄
Shore well	5	Freshwater	21
Brixton	7	Yarmouth	24 ¹/₂
Mottestone	9	Shalfleet	28 ¹/₂
Brook	10 ¹/₂	Newtown	29 ⁵/₄
Freshwater gate	14 ¹/₂	Newport	35

Carisbrook, petit village. *Curiosités* : son église gothique et son château sur une éminence conique. C'est dans ce lieu que Charles Ier fut prisonnier.

VOYAGE VERS LE SUD DE L'ILE.

De Newport à Saint-		Steep-Hill	14 ¹/₄
George's Down	2	Saint-Lawrence	15 ¹/₄
Arreton Down	4	Sandrock-Hotel	17 ¹/₂
Brenston	6 ¹/₂	Niton	19 ¹/₄
Shanklin	10	Godshill	22 ¹/₂
Saint-Boniface	12 ¹/₂	Newport	27 ¹/₂
Ventnor	12 ³/₄		

Ce côté est le plus pittoresque de l'île, et présente de très-beaux sites.

ÎLES DE JERSEY, GUERNSEY ET ALDERNEY

Ces îles, situées sur la côte de Normandie, peuvent être visitées en partant de Weymouth ou de Southampton, d'où des vaisseaux font voile régulièrement.

L'île de *Jersey* est à 48 lieues de *Southampton*; elle peut avoir 12 milles de long sur 6 de large. La surface du pays présente une agréable variété et est très-fertile. La capitale est Saint-Hiliers, port de mer bien défendu. *Curiosités :* l'église, la maison de justice, la halle au blé, la nouvelle prison et l'hôpital. *Hôtel :* the George. Pop. 10,118 h.

L'île de *Guernsey* a 9 milles de long sur 6 de large. Cette île est très-fortifiée par la nature, et présente des vues très-romantiques. La capitale est Saint-Pierre, petite ville avec un port bien défendu. — A 18 milles nord-est, *Alderney*, renommée pour ses vaches qui donnent un lait excellent.

N° 199.   DE LONDRES A SOUTHEND.

1ʳᵉ route, par Barking et Stanford le Hope, 39 m. ¾.

De White Chapel Church		Stanford	24 ¹/₂
à Barking	7	Hadleigh	34 ¹/₄
Rainham	12 ¹/₂	1 Southend	39 ¹/₄
Stifford Bridge	17 ¹/₃		

1. SOUTHEND, dans Essex, à l'embouchure de la Tamise, opposée à Sheerness, place devenue importante par ses bains. *Curiosités :* la salle de redoute, la bibliothèque, les bains et la terrasse. *Hôtels :* the Hotel, the Ship-Tavern.

Nº 200. DE **LONDRES** ᴀ SOUTHEND.

2ᵉ route, par Barking et Grays-Thurrock, 43 m. ½.

De White Chapel Church		West-Tilbury	24 ¹/₄
à Barking	7	Hadleigh	38
Purfleet	16 ¹/₄	Southend	43 ¹/₂
Grays-Thurrock	20 ³/₄		

Nº 201. DE **LONDRES** ᴀ STOURBRIDGE,

par Dunstable et Coventry, 211 m. ¾.

De Hicks's Hall à Duns-		1 Hales-Owen	207 ¹/₄
table * (nº 83)	33 ¹/₂	2 Stourbridge	211 ³/₄
Birmingham * (nº 99)	109 ¹/₂		

1. Hᴀʟᴇs-Oᴡᴇɴ, dans Shrop, située dans une belle vallée. *Curiosités :* les restes d'une abbaye, l'église, sa flèche et ses monumens. *Hôtel :* the Crown. Pop. 10,946 h.

2. Sᴛᴏᴜʀʙʀɪᴅɢᴇ, dans Worcester, sur la Stour, rivière, citée pour ses manufactures de verre, draps, fer, clous, etc. *Curiosités :* le canal, l'école gratuite, l'église, la bibliothèque et un temple. *Hôtels :* the Crown, the Talbot. Pop. 5,090 h.

N° 202. DE **LONDRES** ᴀ STRATTON,

par Basingstoke, Wincaunton et Exeter, 214 m.

De Hyde park Corner à Wincaunton *, 108 m. ¹/₂. (*V.* nº 11.)

Exeter * (n° 73)	164 ¹/₂	Hatherleigh	192 ¹/₂
1 Crediton	172	Holsworthy	206
Bow	179 ¹/₂	2 Stratton	214

1. Cʀᴇᴅɪᴛᴏɴ, dans Devon. *Curiosités :* l'église gothique et l'école gratuite. *Hôtel :* the Ship. Pop. 5,575 h.

2. Sᴛʀᴀᴛᴛᴏɴ, dans Cornwall, où les forces du parlement furent défaites par Hopton. Rien de remarquable. *Hôtel :* the George. Pop. 1,580 h.

14*

N° 203.   DE LONDRES A TAUNTON.
1re route, par Basingstoke et Somerton.

De *Londres* à *Taunton* *, 144 m. ¹/₄. (*V.* n° 11.)

N° 204.   DE LONDRES A TAUNTON.
2e route, par Basingstoke et Shaftesbury, 148 m. ½.

De Hyde park Corner à		Ilminster	136 ¹/₄
Andover * (n° 11)	63 ¹/₂	Taunton	148 ¹/₂
Yeovil * (n° 74)	122		

N° 205.   DE LONDRES A THAXSTEAD,
par Harlow, 44 m. ½.

De Shoreditch Church		Dunmow	38 ¹/₄
à Harlow (n° 37)	23 ¹/₄	Thaxstead	44 ¹/₂

N° 206.   DE LONDRES A THORNBURY,
par Maidenhead et Cirencester, 122 m. ½.

De Hyde park Corner à Maidenhead *, 26 m. (*V.* n° 32.)			
Cirencester * (n° 86)	88 ¹/₄	2 Berkeley	114 ¹/₂
1 Minchin-Hampton	98 ¹/₄	Thornbury	122 ¹/₂
Frocester	106		

1. Minchin-Hampton, dans Gloucester, bien située ; manufacture de draps et laine. *Curios.* : l'église du règne de Henri III. *Hôtel* : the Crown. Pop. 4,907 h.

2. Berkeley, dans la délicieuse vallée de Berkeley, est la patrie de Jenner, qui découvrit la vaccine. *Curios.* : l'église, le château où Edouard II fut assassiné. *Hôtel* : the Berkeley-Arms. Pop. 3,835 h.

Nº 207. DE LONDRES A TORRINGTON.

1ʳᵉ route, par Basingstoke et Bridgewater, 192 m.

De Hyde park Corner à				
Deptford Inn* (nº 11) 87		1	Dulverton	163 ³/₄
Bridgewater* (nº 103) 136 ³/₄			South Molton	176 ³/₄
Enmore 140 ³/₄			Atherington	185 ¹/₂
Radleigh's Cross 153 ¹/₄		2	Torrington	192

1. DULVERTON, dans Somerset, ville ancienne, mais bien bâtie. *Curios.* : l'église. *Hôtel :* the George. Pop. 1,127 h.

2. TORRINGTON, dans Devon, sur la Torrige, rivière. *Curios.* : les deux églises, le Boulingrin et ses alentours. *Hôtel :* the Goat. Pop. 2,538 h.

Nº 208. DE LONDRES A TORRINGTON.

2ᵉ route, par Basingstoke et Taunton, 198 m.

De Hyde park Corner à		Dulverton	169 ¹/₂
Taunton* (*V.* nº 11) 144 ¹/₂		South Molton	182 ¹/₂
Milverton 152 ¹/₂		Atherington	191
Wiveliscombe 157 ¹/₂		Torrington *	198

Nº 209. DE LONDRES A TOWYN,

par High-Wycombe, Oxford et Worcester, 218 m.

De Tyburn Turnpike à		Carno	189
Oxford * (nº 31) 54 ³/₄		Marchynlleth	206
Montgomery * (nº 34) 169		Towyn	218
Newtown 178			

Nº 210. DE LONDRES A TROWBRIDGE.

1ʳᵉ route, par Reading, Newbury et Devizes, 98 m. ½.

De Hyde park Corner à		Devizes	88 ³/₄
Marlborough * (nº 32) 74 ¹/₄		1 Trowbridge	98 ¹/₂
Beckhampton-Inn 80 ³/₄			

1. TROWBRIDGE, dans Wilt, sur la Ware, rivière, ville mal bâtie. *Curios.* : l'église et ses monumens, le pont sur la Ware. *Hôtel :* the George. Pop. 9,545 h.

N° 211.   DE LONDRES A TROWBRIDGE.

2e route, par Basingstoke, Andover et Uphaven, 100 m. ¾.

De Hyde park Corner à		Uphaven	80 ³/₄
Andover * (n° 11)	63 ¹/₂	Market Lavington	89 ³/₄
Ludgershall	70 ³/₄	Trowbridge	100 ¹/₄

N° 212.   DE LONDRES A TYNEMOUTH.

1re route, par Huntingdon, Doncaster et Stockton, 274 m. ½.

De Shoreditch Church		1	Bishop's-Wearmouth	264
à Dishforth * (n° 1)	206	2	Sunderland	264 ³/₄
Stockton * (n° 64)	237 ³/₄	3	South-Shields	272 ¹/₂
Norton-Inn	239 ³/₄		North-Shields	273
Castle Eden-Inn	251 ³/₄	4	Tynemouth	274 ¹/₂

1. BISHOP'S-WEARMOUTH, dans Durham, sur la Wear, rivière. Cette ville est d'une grande antiquité et contiguë à Sunderland. *Curios.* : l'église, le pont en fer, construit en 1796, est d'une seule arche de 236 pieds d'ouverture, et l'élévation de son centre est de 100 pieds au-dessus de la rivière à basse eau, de sorte que les bâtimens de 300 tonneaux peuvent passer dessous sans baisser leurs mâts. *Hôtel :* the Bridge-Inn. Pop. 9,477 h.

2. SUNDERLAND, port de mer à l'embouchure de la Wear, rivière, est une grande ville bien peuplée. Commerce considérable, verres, chaux, charbons, poteries, cuivre, etc. *Curios.* : le phare, deux églises, la chapelle, le théâtre, la salle de redoute, etc. *Hôtels :* the George, the Lion. Pop. 14,725 h.

3. SOUTH-SHIELDS, dans Durham, port sur la Tyne, rivière. Commerce considérable, charbon, verreries et sel. *Curios.* : l'église et ses monumens, la maison-de-ville, la place du Marché, la maison de justice et le théâtre. *Hôtel :* the King's-Head. Pop. 8,885 h.

4. TYNEMOUTH, dans Northumberland, port de mer très-fré-

quenté pour ses bains pendant l'été. *Commerce :* charbons, fer et verre. *Hôtel :* the Salutation. Pop. 9,454 h.

Nº 213.   DE LONDRES A TYNEMOUTH.
2ᵉ route, par Durham et Sunderland, 278 m.

De Shoreditch Church à		Sunderland	268 ¹/₄
Durham* (nº 1)	255 ¹/₄	South-Shields	276 ¹/₂
Houghton le Spring	262	North-Shields	276 ¹/₂
Bishop's-Wearmouth	267 ¹/₂	Tynemouth	278

Nº 214.   DE LONDRES A TYNEMOUTH.
3ᵉ route, par Newcastle, 278 m. ¾.

| De Shoreditch Church à | | North-Shields | 277 ¹/₄ |
| Newcastle* (nº 1) | 269 ³/₄ | Tynemouth | 278 ³/₄ |

Nº 215. DE LONDRES A WANTAGE, 59 m. ¾.

De Hyde park Corner à		1 Wallingford	45 ³/₄
Maidenhead* (nº 32)	26	Wantage	59 ³/₄
Henley upon Thames	35 ¹/₄		

1. WALLINGFORD, dans Berk, ville ancienne sur la Tamise, sur laquelle est un pont de 19 arches. *Curios. :* la maison-de-ville, l'église Saint-Pierre. *Hôtel :* the Bear. Pop. 2,093 h.

Nº 216.   DE LONDRES A WARRINGTON.
1ʳᵉ route, par Lichfield, Newcastle et Middlewich,
185 m.

De Hicks's Hall à Stone		Sandbach	162
Bridge* (nº 99)	99 ³/₄	Middlewich	167
Newcastle-Under-Lyne*		1 Northwich	174
(nº 122)	149 ¹/₄	Warrington	185

1. NORTHWICH, proche le confluent de la Dane et le Wever. *Curios. :* les mines de sel, l'eglise. *Hôtel :* the Crown. Pop. 1,490 h.

CONTINUATIONS.

De *Warrington* à *Sainte-Helene*, 10 m.
De *Sainte-Helene* à *Ormskirk*, 11 m. $^1/_2$.

De *Warrington* à *Newton*, 5 m.
De *Newton* à *Wigan*, 7 m. $^1/_4$.
De *Wigan* à *Chorley*, 8 m.

Wigan, dans Lancast, ville bien bâtie, sur le Douglas, rivière. Manufactures de cotonnade, de poteries, d'étain et cuivre. *Curios.* : l'église et ses monumens, la maison-de-ville et deux chapelles catholiques. *Hôtel* : the Eagle-and-Child. Pop. 7,716 h.

N° 217.   DE LONDRES A WARRINGTON.
2e route, par Lichfield, Newcastle et Congleton, 187 m. $\frac{3}{4}$.

De Hicks's Hall à Stone-
bridge * (*V*. n° 99) 99 $^s/_4$. ‖ Warrington* (n° 122) 187 $^1/_4$.

N° 218.   DE LONDRES A WARWICK.
1re route, par Watford, Banbury et Gaydon-Inn, 91 m. $\frac{3}{4}$.

De Tyburn Turnpike à
Banbury * (n° 19)   72 $^s/_4$. ‖ Gaydon-Inn   82 $^s/_4$.
‖ Warwick   91 $^s/_4$.

CONTINUATION.

De *Warwick* à *Kenilworth*, 5 m. $^1/_4$.

Kenilworth, dans Warwick, consistant seulement dans une rue bâtie irrégulièrement. *Curios.* : les ruines du château de Kenilworth. *Hôtel* : the King's-Arms. Pop. 2,577 h.

N° 219. DE LONDRES A WARWICK.

2ᵉ route, par Dunstable, Daventry et Leamington, 91 m. ½.

De Hicks's Hall à Daven-		Southam	82 ¹/₄
try * (n° 99)	72 ¹/₄	1 Leamington	89 ¹/₄
Shuckburgh	77 ¹/₂	Warwick	91 ¹/₂

1. LEAMINGTON , joli village dans Warwick, sur la Leam, rivière, renommé pour ses sources médicinales. *Curios.* : les salles de bains les plus élégantes de l'Europe, le théâtre, l'hôtel du régent, la redoute, le muséum, le Ranelagh et l'église ; les alentours présentent des sites charmans. *Hôtels :* the Regent, the Bedford. Pop. 2,183 h.

N° 220. DE LONDRES A WARWICK.

3ᵉ route, par Watford, Banbury et Kineton.

De *Londres* à *Warwick* * (*V.* n° 19), 96 m.

N° 221. DE LONDRES A WELLS (*Norfolk*).

1ʳᵉ route, par Chesterford et Brandon , 118 m. ½.

De Shoreditch Church à		Rainham-Hall	105 ¹/₄
Chesterford* (n° 37)	44 ³/₄	Fakenham	108 ³/₄
Brandon * (n° 52)	78 ¹/₂	2 Walsingham	113 ¹/₂
1 Swaffham	93 ¹/₄	Wells	118 ¹/₂

1. SWAFFHAM, dans Norfolk. *Curios.* : l'église, la bibliothèque et la salle de redoute ; il s'y tient des courses dans le mois de septembre. *Hôtel :* the Crown. Pop. 2,836 h.

2. WALSINGHAM. *Curios.* : les ruines du prieuré et *Walsingham abbaye*, édifice moderne, l'église et ses monumens. *Hôtel :* the Black-Lion. Pop. 1,067 h.

N° 222. DE LONDRES A WELLS *(Norfolk)*.
2e route, par Ware, Cambridge et Lynn, 123 m. ¼.

De Shoreditch Church à		Flitcham	105
Cambridge* (n° 35)	50 ¹/₄	1 Burnham-Market	117 ¹/₂
Lynn* (n° 124)	96	Wells	123 ¹/₄

1. Burnham-Market, sur le Burn, rivière, proche de la mer : tout près de là est *Burnham-Thorpe*, célèbre par la naissance de lord Nelson. A 3 milles on trouve *Holkham-House*, noble édifice, résidence de T. W. Coke. *Hôtel :* Pitt's-Arms. Pop. 937 h.

N° 223. DE LONDRES A WELLS *(Somerset)*,
par Basingstoke, Andover et Warminster, 120 m. ½.

De Hyde park Corner à		2 Frome	104 ¹/₄
Deptfort-Inn* (n° 11)	87	Shepton-Mallet	116 ¹/₄
Heytesbury	93 ¹/₄	Wells	120 ¹/₂
1 Warminster	97 ¹/₄		

1. Warminster, dans Wilt, sur la Willy. Commerce considérable, blé, etc. *Curios.* : l'église, une chapelle, le marché, l'école gratuite. A 2 milles, on trouve *Longleat*, château magnifique au marquis de Bath. *Hôtel :* the Angel. Pop. 5,612 h.

2. Frome, dans Somerset, sur la Frome, qu'on passe sur un beau pont. Manufactures de laine, etc., etc. *Curios.* : les deux églises, l'une érigée en 1817; la marché, l'école gratuite. *Hôtels :* the George, the Bell. Pop. 12,411 h.

N° 224. DE LONDRES A WESTBURY,
par Egham et Basingstoke, 99 m.

De Hyde park Corner à		Market-Lavington	90
Amesbury* (n° 11)	78	1 Westbury	99

1. Westbury, dans Wilt. *Curios.* : l'église et ses monumens, la maison-de-ville. *Hôtel :* the Lopez-Arms. Pop. 2,117 h.

N° 225. DE LONDRES A WEYMOUTH,
par Andover et Dorchester, 127 m. $\frac{3}{4}$.

De Hyde park Corner à	1 Melcomb-Regis	127 $^1/_4$
Andover * (n° 11) 63 $^1/_2$	2 Weymouth	127 $^3/_4$
Dorchester * (n° 111) 119 $^1/_2$		

1. MELCOMB-REGIS, dans Dorset, sur le Wey, rivière, avec un beau pont qui sert de communication avec Weymouth. *Curios.* : l'église, le théâtre. *Hôtel* : the George. Pop. 4,252 h.

2. WEYMOULT, à l'embouchure de la Wey, rivière ; ville ancienne, heureusement située pour les bains, qui sont très-fréquentés. *Curios.* : l'esplanade, le pont construit en 1821, la batterie, le théâtre et l'église. *Hôtels* : the Bear, the Golden-Lion. Pop. 2,370 h.

Au sud de Weymouth est le promontoire nommé l'île de Portland.

N° 226. DE LONDRES A WINCHESTER.
1re route, par Staines et Basingstoke, 62 m. $\frac{1}{2}$.

De Hyde park Corner à	Winchester * (n° 169) 62 $^1/_4$
Basingstoke * (n° 11) 45 $^1/_4$	

N° 227. DE LONDRES A WINCHESTER.
2e route, par Bagshot et Farnham, 65 m.

De Hyde park Corner à	Winchester * (n° 171) 65
Bagshot * (n° 11) 26	

N° 228. DE LONDRES A WINDSOR.
1re route, par Slough, 22 m. $\frac{1}{2}$.

De Hyde park Corner à	1 Eton	22
Slough * (n° 32) 20 $^1/$	2 Windsor	22 $^1/_2$

1. ETON, dans Buckingham, célèbre pour son collége fondé, en 1441, par Henri VI. *Curios.* : la chapelle.

2. VVINDSOR, dans Berk, sur la Tamise, célèbre pour son château magnifique, résidence des rois d'Angleterre; il fut fondé par Guillaume-le-Conquérant; mais il a subi de grands changemens depuis; la chapelle Saint-George, le caveau royal, où George III est enterré, et la terrasse, qui passe pour la plus belle promenade, dans son genre, de l'Europe. *Hôtel :* the Castle. Pop. 5,698 h.

N° 229.   DE **LONDRES** A **WINDSOR**.
2e route, par Egham, 22 m. ¾.

De Hyde park Corner à Egham * (n° 11)	17 ¾	Windsor	22 ¼

N° 230. DE **LONDRES** A **WOLVERHAMPTON**.
1re route, par Dunstable, Coventry et Birmingham.

De *Londres* à *Wolverhampton**, 122 m. ¼. (*V.* n° 99.)

N° 231. DE **LONDRES** A **WOLVERHAMPTON**.
2e route, par Dunstable, Daventry et Castle Bromwich, 123 m.

De Hicks's Hall à Stone Bridge * (n° 99)	99 ¼	1 Walsall	117
Castle Bromwich	105 ¼	Wolverhampton *	123

1. VVALSALL, dans Stafford. Manufacture, ouvrages en fer pour la sellerie. *Curios. :* l'église, un temple et l'école gratuite. *Hôtel :* the Bull's Head. Pop. 18,380 h.

N° 232.   DE **LONDRES** A **WORCESTER**.
1re route, par High-Wycombe, Oxford et Pershore, 111 m. ½.

De Tyburn Turnpike à Oxford * (n° 31)	54 ¾	Worcester * (n° 34)	111 ½

De *Worcester* à *Drortwich*, 6 m. ¼.

N° 233. DE LONDRES A WORCESTER.

2e route, par Hygh-Wycombe, Cheltenham, Tewkesbury et Malvern, 126 m.

De Tyburn Turnpike à		Upton	109 $^1/_2$
Cheltenham * (n° 31)	94 $^3/_4$	Great Malvern	117 $^1/_2$
1 Tewkesbury	103 $^3/_4$	Worcester *	126

1. Tewkesbury, dans Gloucester, ville agréablement située au confluent de la Severn et de l'Avon. *Curios.* : l'église, autrefois partie d'une abbaye ; la maison-de-ville, le marché, l'école d'industrie, la prison et le beau pont en fer construit en 1825 sur la Severn, etc., etc. *Hôtel :* the Cross-Keys. Popul. 4,968 h.

N° 234. DE LONDRES A WORTHING.

1re route, par Dorking, Horsham et Washington-Common, 56 m.

De Westminster Bridge		Washington Common	48 $^1/_2$
à Dorking * (n° 8)	23 $^1/_4$	2 Worthing	56
1 Horsham	36 $^1/_2$		

1. Horsham, dans Sussex, sur l'Adur, rivière. *Curios.* : l'église et sa flèche, la maison-de-ville, le marché, la prison, les deux écoles gratuites. *Hôtel :* the Anchor. Pop. 4,575 h.

2. Worthing, dans Sussex, nouvelle ville bien située pour les bains qui sont maintenant très-fréquentés. *Curios.* : la chapelle épiscopale, le théâtre, la place du marché, et *the Miller's tomb* (tombeau de Miller), d'où l'on jouit d'une belle vue. *Hôtels :* the Steyne, the Sea house. Pop. 3,727 h.

N° 235. DE LONDRES A VORTHING.

2e route, par Horsham et Steyning, 59 m. $\frac{1}{4}$.

De Westminster Bridge		1 Steyning	51 $^3/_4$
à Horsham * (n° 237)	36 $^1/_2$	Worthing	59 $^1/_4$
West Grindstead	43 $^1/_2$		

1. STEYNING, dans Sussex, au pied d'une colline. *Curios.* : l'église. *Hôtel* : the Wihte-Horse. Pop. 1,324 h.

N° 236. DE LONDRES A WOTTON-BASSET,
par Reading et Newbury, 87 m. $\frac{3}{4}$.

De Hyde park Corner à			
Hungerford * (n° 32)	64 $^1/_4$	Swindon	81 $^1/_4$
Albourne	72 $^1/_4$	Wotton Basset	87 $^1/_4$

N° 237. DE LONDRES A YARMOUTH,
par Colchester et Lowestoft, 124 m.

De Whitechapel Church			
à Colchester * (n° 92)	51	Yoxford	94
Stratford	58 $^1/_2$	Wangford	102 $^1/_2$
Ipswich	69 $^1/_4$	Wrentham	106 $^1/_4$
1 Woodbridge	77	2 Lowestoft	114
Saxmundham	89 $^1/_4$	3 Yarmouth	124

1. WOODBRIDGE, dans Suffolk, sur la Deben, rivière. *Comm.* : farine, blé, etc. *Curios.* : l'église, construite sous Édouard III ; les chantiers, l'école gratuite. *Hôtel* : the Crown. Pop. 4,060 h.

2. LOWESTOFT, dans Suffolk, sur la pointe la plus orientale de l'Angleterre. La situation de cette ville est admirable pour ses points de vue sur l'Océan. *Curios.* : l'église, le théâtre, la maison-de-ville, les deux phares. *Hôtel* : Crown. Pop. 3,675 h.

3. YARMOUTH, dans Norfolk, port de mer considérable. *Commerce* : pêche immense de harengs et maquereaux, etc. *Curiosités* : l'église, la chapelle Saint-George, le quai, un des plus beaux de l'Europe, la maison-de-ville, le théâtre, la salle d'assemblée, la maison des bains, l'hôpital des marins, les casernes ; et, proche la ville, la colonne élevée en l'honneur de lord Nelson, haute de 140 pieds. *Hôtels* : the Angel, the Bear. Pop. 18,040 h.

CONTINUATIONS.

De *Saxmundham* à *Halesworth*, 10 m. $^3/_4$.
De *Woodbridge* à *Framlingham*, 9 m. $^1/_4$.
De *Woodbrige* à *Orford*, 12 m.
De *Woodbrige* à *Aldborough*, 17 m. $^1/_2$.
De *Woodbridge* à *Dunwich*, 20 m. $^3/_4$.
De *Wangford* à *Southwold*, 3 m. $^1/_2$.

Southwold, dans Suffolk, belle situation sur l'Océan. Commerce considérable. *Curios.* : la maison-de-ville, les batteries et l'église. *Hôtel* : the George. Pop. 1,676 h.

N° 238.   DE **LONDRES** A **YARMOUTH.**
2e route, par **Chelmsford, Ipswich** et **Scole-Inn,**
126 m. $\frac{3}{4}$.

De Whitechapel Church			
à Colchester * (n° 92)	51	1 Bungay (a)	106 $^1/_2$
Scole Inn * (n° 148)	92	2 Beccles	112 $^1/_4$
Harleston	99 $^1/_2$	Yarmouth	126 $^3/_4$

(a) De *Bungay* à *Lodden*, 6 m. $^1/_2$.

1. BUNGAY, jolie ville sur la Waveney, rivière. *Commerce* : farine, blé, chaux et charbon. *Curios.* : la place du Marché, le théâtre, les deux églises et les ruines du château. *Hôtel* : the King's-Head. Pop. 3,280 h.

2. BECCLES, ville bien bâtie sur la Waveney. *Curios.* : la place du Marché, la maison-de-ville, l'église gothique, la prison et l'école de grammaire. Pop, 3,493 h.

N° 239.   DE **LONDRES** A **YORK,**
par **Ware, Tuxford** et **Doncaster,** 194 m. $\frac{1}{2}$.

De Shoreditch Church à		York * (n° 188)	194 $^1/_2$
Ferry-Bridge * (n° 1)	173		

CONTINUATIONS.

De *York* à *Easingwold* , 12 m.
D'*Easingwold* à *Thirsk* , 11 m.

De *Yorck* à *Helmesley-Blackmore* , 22 m. ³/₄.
De *Helmesley-Blackmore* à *Kirbky-Moorside* , 5 ¹/₂.

De *York* à *Barnby-Moor-Inn* , 11 m. ¹/₄.
De *Barnby-Moor-Inn* à *Pocklington* , 2 m. ¹/₄.
De *Pocklington* à *Market-Weighton* , 5 m. ¹/₄.
De *Market-Weigton* à *Beverley* , 10 m.
De *Beverley* à *Hull* , 9 m. ¹/₄.

FIN DU GUIDE EN ANGLETERRE. I

Nᵒ. 151 – 1991

TABLE

Des Matières.

N. B. Pour trouver une ville, cherchez-la à son nom même. Ainsi vous voulez aller à Glasgow, cherchez Glasgow dans l'ouvrage, l'ordre alphabétique vous y conduira aisément.

FIN DE LA TABLE.

www.ingramcontent.com/pod-product-compliance
Lightning Source LLC
LaVergne TN
LVHW051100200726
843508LV00001B/410